음주운전과 형사책임

김 형 준 저

진 원 사

머 리 말

'하늘은 萬物을 창조했지만 人間은 술을 빚어 내었다'는 杜甫의 술 禮讚처럼 술이 없다면 세상은 메마르고 훨씬 멋이 없었을지 모른다. 그러나 알콜이 인간에게 미치는 신체적·정신적인 영향으로 인하여 음주상태에서의 운전행위는 자신의 생명·신체뿐만 아니라 타인에 대하여도 심각한 위해를 가하는 것이기에 형사처벌을 통하여서라도 근절하여야 할 문제임에 틀림이 없다.

우리 나라 도로교통법도 음주운전에 관하여 엄격한 처벌규정을 두고 있고, 경찰관의 음주측정에 불응한 운전자를 음주운전자와 동일한 형벌로 처벌하는, 이른바 음주측정불응죄를 두어 음주운전자에 대한 형사처벌의 실효성을 확보함으로써 형사처벌을 통한 음주운전의 근절을 유도하고 있다.

그러나 음주운전의 위험이 지대하다고 하여 이를 규제하는 형사법규가 어떤 요건을 갖추더라도 허용되며, 적정성을 벗어난 과도한 형벌이 용인된다고는 할 수 없다. 형사제재는 그러한 행위가 발생되지 않도록 예방하는 데 형벌이 적합한 수단이고 다른 제재수단을 통해서는 도저히 같은 효과를 얻을 수 없다고 인정될 때, 그 범위안에서만 허용되어야 하는 것이기 때문이다. 여기에 음주운전의 형사처벌과 관련된 각종의 법규를 구체적으로 분석하여 그 규정이 형벌필요성은 갖추고 있는 것인지, 갖추고 있다면 구성요건이 적정성은 담보하고 있는지, 형사처벌 이외의 다른 수단으로 그 규정이 달성하고자 하는 실효성을 확보할 수 있는 여지는 없는지 등을 검토해 볼 필요성이 있는 것이다.

이러한 논점들을 검토하기 위하여 다음과 같은 4개의 장으로 구성하였다. 제1장에서는 음주운전의 형사규제에 관한 각국의 입법례를 살펴보았다. 제2장에서는 우리 나라의 도로교통법상 음주운전죄의 연혁 및 구성요건과 음주운전교통사고의 형사책임을 중심으로 검토하였다. 제3장에서는 우리 나라의 특징적인 규정이라고 할 수 있는 음주측정불응죄 규정을 그 상세요건에 대한 분석은 물론, 필요성과 실효성을 비교법적 검토하였다. 제4장에서는 음주운전의 수사와 관련하여 음주측정방법과 강제채혈 및 의료인이 제출한 혈액의 압수방안에 대하여 살펴보았다.

이 책은 다음과 같은 점에 주안점을 두었다. 첫째, 음주운전의 형사책임과 관련된 부분은 이 책만으로 커버할 수 있도록 하기 위하여 관련 쟁점을 빠짐없이 망라하고자 하였다. 둘째, 음주운전이 실무적으로 어떻게 처리되고 있는지를 파악할 수 있게 하기 위하여 각 논점별로 최근까지의 다양한 판례를 유형별로 정리하였다.

이 책의 출간이 있기까지 바쁜 일정에도 세심하게 원고를 정리해 준 중앙대학교 최대호, 김태수, 강우예 강사에게 고마움을 전한다. 이들의 앞날에 학운이 융성하기를 기대한다. 그리고 어려운 여건임에도 불구하고 이 책의 출판에 흔쾌히 응해주신 진원사의 양진수사장님과 관계 직원 여러분에게 감사를 드린다.

2007년 9월

김 형 준

목 차

제1장 음주운전 규제의 입법례

제1절 도로교통법상 음주운전

국민소득의 증가, 자동차대수·운전면허소지자·자가운전자의 증가에 힘입은 자동차운전행위의 대중화, 그리고 일상화된 음주문화[1] 등이 어우러져 음주운전문제는 날로 그 심각성을 더해 가고 있다[2]. 알콜은 사람의 중추신경을 마비시키고 자동차운전능력을 저하시켜서[3], 일정량이상의 음주로 인한 알콜 영향하에서의 운전은 자신뿐

1) 우리 나라 사람이 2006년 한해동안 19세 이상 성인 1명당 마신 맥주(640㎖ 기준)는 연간 79.79병, 소주(360㎖)는 72.42병, 위스키(500㎖)는 1.71병으로, 1인당 술소비량은 19세 이상 인구를 기준으로 할 때 주종을 불문하고 이틀에 1병꼴로 마신 셈이 된다(세계일보, 2007. 4. 17. 자 2면 참조).

2) 경찰청 통계자료에 의하면, 2005년 한해동안 전체 교통사고 발생건수는 214,171건으로 2004년 220,755건에 비해 감소하고 있음에도 불구하고, 음주운전으로 인한 교통사고는 2005년 26,460건으로 2004년 25,150건에 비해 증가하고 있다. 또한 2005년 한해동안 비음주교통사고의 사망률(사고 1건당 사망자의 비율)이 2.9%, 부상율(사고 1건당 부상자의 비률)이 157%인데 비하여, 음주상태하에서의 운전행위로 인한 교통사고의 경우는 사망률이 3.4%, 부상률이 182%에 달하고 있어 음주상태하에서의 운전으로 인한 사고의 사망률, 부상률이 비음주교통사고의 그것을 상회하고 있다(http://www.police.go.kr/infodata/pds_07_totalpds_05_06.jsp).

3) 알콜이 운전행위에 미치는 영향에 대하여 상세한 것은 이정균, 정신의

만 아니라 타인의 생명·신체·재산 등에 중대한 침해를 가할 위험성이 크다. 따라서 우리의 현행 도로교통법은 일정량 이상의 알콜 영향하에서의 음주운전을 금지하고 이에 위반한 경우에는 형사처벌을 하도록 규정하고 있다.

그런데 우리는 흔히 술을 마신 상태에서 하는 운전행위는 모두 음주운전이라고 부르고 있다. 그러나 형법적 규제의 대상이 되는 범죄행위로서의 음주운전은 도로교통법이 정한 일정량 이상의 알콜을 섭취한 상태에서의 운전에 한정된다. 따라서 적어도 형법적 규제의 대상이 되는 알콜 영향하에서의 운전행위를 지칭하는 보다 한정적인 개념이 소망스럽다. 이러한 용어로서는 일본 도로교통법에서 사용되고 있는 '주기(酒氣)운전'(운전능력에 지장이 없이 단순히 법정 기준치 이상의 혈중알콜농도에서 술기운을 띤 상태의 운전)과 '주취운전'(사실상 정상적인 운전을 하는 것이 불가능한 음주상태에서의 운전) 등을 생각해 볼 수 있다[4].

현행 도로교통법 제44조는 '술에 취한 상태에서의 운전금지'라는 표제하에 제1항은 "누구든지 술에 취한 상태에서 자동차 등을 운전

학, 개정판, 일조각, 1988, 394면; 손기식, 교통형법(제3판), 한국사법행정학회, 2000, 344면 이하; 민예기·황상호·이원영, 알콜이 운전행동을 저해하는데 대한 연구, 도로교통안전협회, 1985, 64면 이하 참조. 특히 알콜이 인체에 미치는 영향에 대하여는 정도언, 명정중독의 생물학적 측면, 서울의대 정신의학 제12권 제3호, 1987, 137면 이하; 전진숙, 명정중독의 생화학적 측면 -명정이 중추신경계에 미치는 생화학적 영향-, 서울의대 정신의학 제12권 제3호, 1987, 143면 이하; 송동빈, 알콜이 운전행태에 미치는 영향, 도로교통, 1987.11, 14면 이하; 장환일, 음주와 정신장애, 정신건강연구 제4집, 한양대학교 정신건강연구소, 1986, 26면 이하 참조.

4) 이에 관하여 상세한 것은 제2절 Ⅰ. 일본 참조.

하여서는 아니된다."라고 규정하고, 동조 제4항은 "제1항의 규정에 따라 운전이 금지되는 술에 취한 상태의 기준은 혈중알콜농도가 0.05퍼센트 이상으로 한다."고 정하고 있다. 즉, 현행 도로교통법은 운전이 금지되는 상태를 가리켜 '술에 취한 상태'라고 규정하고 있는 바, 이를 그대로 표현하면 일견 '주취운전'이라는 용어가 상당할 것으로 여겨진다. 그러나 동조는 운전자의 실질적인 운전능력에 구애됨이 없이 혈중알콜농도만으로 술에 취한 상태를 판단하므로 실질적으로는 '주기(酒氣)운전'에 해당된다[5].

동조 제1항과 제4항이 음주운전의 기준과 술에 취한 상태에서의 운전금지의무를 부과하고 있는 것과 더불어, 동조 제2항은 "경찰공무원(자치경찰공무원을 제외한다. 이하 이 항에서 같다)은 교통의 안전과 위험방지를 위하여 필요하다고 인정하거나 제1항의 규정을 위반하여 술에 취한 상태에서 자동차등을 운전하였다고 인정할 만한 상당한 이유가 있는 때에는 운전자가 술에 취하였는지의 여부를 호흡조사에 의하여 측정할 수 있다. 이 경우 운전자는 경찰공무원의 측정에 응하여야 한다."고 규정하여 일정한 상황에서는 운전자가 음주측정에 응할 의무를 지고 있음을 규정하고 있다.

또한 동법 제44조 제1항의 규정에 위반하여 음주운전을 한 자와 동법 제44조 제2항의 규정에 위반하여 주취한 상태에서 경찰공무원의 음주측정에 응하지 아니한 자에 대하여는 각각 동법 제150조 제1호와 제2호에 의거하여 2년 이하의 징역이나 500만원 이하의 벌금에 처하도록 하고 있다. 뿐만 아니라 교통사고처리특례법 제3조 제

5) 이러한 의미에서 현행법하에서 음주상태에서의 운전은 '주기운전'으로 일컫는 것이 법규의 내용을 정확히 전달하는 것이라고 생각하지만, 본서에서는 상례에 따라 '음주운전'으로 부르기로 한다.

2항 단서 제8호는 자동차운전자가 음주운전 중 교통사고를 야기하였을 경우에는 공소권의 제한 내지는 박탈이라는 특례를 인정하지 않고 형사처벌의 대상이 되도록 규정함으로써 음주운전상태에서의 사고를 중과실의 일종으로 인정하고 있다.

이하에서는 먼저 음주운전의 형사처벌에 관한 외국의 입법례를 개관하고, 이들 입법례와 우리 나라 도로교통법상의 음주운전죄와 음주측정불응죄의 구체적인 성립요건을 비교해 보도록 한다.

제2절 외국의 입법례

Ⅰ. 일 본

일본은 최근 다발하는 음주운전교통사고에 대하여 이를 엄벌하여야 한다는 국민적 요청에 힘입어 2007년 도로교통법 및 형법의 개정을 통하여 그 처벌을 강화하였다. 도로교통법의 개정을 통하여 음주운전죄 및 도주에 대한 법정형을 상향하고 음주운전 관련자에 대한 처벌을 신설하였을 뿐 아니라, 형법에 위험운전치사상죄를 신설하여 종래의 업무상과실치사상죄 보다 무거운 형벌로 처벌하고 있다.

1. 음주운전죄

일본의 도로교통법은 음주운전을 실제적인 운전능력을 기준으로 두가지로 나누어 규정하고, 요건에 따라 법정을 달리 규정하고 있다. 음주상태에서의 운전행위에 대하여 음주운전자가 실제로 주취하여 운전이 위험한 상태에 있어서의 운전행위를 처벌하는 '주취운전죄'(제117조의2 제1호)와 신체내의 알콜보유정도가 일정한 기준을 초과하면 실제의 운전위험상태 여부와는 관계없이 처벌하는 '주기(酒氣)운전죄'(제117조의2의2 제4호)가 그것이다.

(1) 주취운전죄

동법 제65조 제1항은 "누구라도 술기운을 띠고 차량 등을 운전하여서는 아니된다."라고 규정하여 술기운을 띤 상태에서의 운전을 금지하고 있고, 술에 취한 상태의 기준에 관하여 동법 시행령 제44조의3은 '혈액 1㎖당 0.3㎎ 또는 呼氣 1ℓ당 0.15㎎'을 정하고 있다.

이를 기초로 동법 제117조의2 제1호는 '제65조 제1항의 규정에 위반하여 차량 등을 운전한 자로서, 그 운전을 한 경우 술에 취한 상태(알콜의 영향으로 정상적인 운진올 할 수 없는 위험이 있는 상태)에 있었던 자'에 대하여는 5년 이하의 징역 또는 100만엔 이하의 벌금에 처하도록 규정하고 있다[6].

(2) 주기운전죄

동법 제117조의2의2 제1호는 '제65조 제1항의 규정에 위반하여 차량 등을 운전한 자로서 그 운전을 한 경우에 있어서 신체에 시행령에서 정하는 정도이상의 알콜을 보유하는 상태에 있었던 자'에 대하여는 3년 이하의 징역 또는 50만엔 이하의 벌금에 처하도록 규정하고 있다[7]. 따라서 혈액 1㎖당 0.3㎎ 또는 呼氣 1ℓ당 0.15㎎의

---

6) 구법(2007년 6월 20일 개정전 도로교통법)은 동죄에 대하여 3년 이하의 징역 또는 50만엔 이하의 벌금에 처하였다.

7) 구법(2007년 6월 20일 개정전 도로교통법)은 동죄에 대하여 1년 이하의 징역 또는 30만엔 이하의 벌금에 처하였다.

음주상태에서 운전을 하면 운전능력 여부와 관계없이 본죄가 성립된다.

2. 음주측정불응죄

도로교통법 제67조 제1항은 차량 등의 운전자가 음주상태에서 운전하고 있다고 인정될 때에는 경찰관은 자동차를 정지하여 운전면허증의 제시를 요구할 수 있도록 하고, 동조 제3항은 차량 등에 승차하고 있거나 승차하려고 하는 자가 주기 또는 주취운전의 위험이 있다고 인정될 때에는 경찰관은 운전자가 보유하고 있는 알콜의 정도를 조사하기 위하여 호흡검사를 할 수 있도록 하고 있다. 그리고 동법 제118조의2는 이러한 경찰관의 검사를 거부하거나 방해하는 경우에는 3월 이하의 징역 또는 5만엔 이하의 벌금에 처하도록 하고 있다.

3. 음주운전 관련자의 의무위반죄

(1) 차량제공자

도로교통법 제65조 제2항은 "누구라도 술기운을 띠고 있는 자로서, 전항의 규정에 위반하여 차량 등을 운전하게 될 위험이 있는 자에 대하여 차량 등을 제공하여서는 안된다."고 규정하여 음주운전자에 대하여 차량을 제공하는 행위를 금지하고 있다.

그리고 차량을 제공받은 자가 실제로 음주운전을 한 경우에는 운전자의 상태가 주취상태인가 단지 술기운만을 띤 주기상태인가에 따라 주취운전죄나 주기운전죄에 정한 형과 동일한 형으로 처벌받게 된다. 따라서 운전자가 주취한 상태인 경우에는 차량제공자도 동법 제117조의2 제2호에 따라 5년 이하의 징역 또는 100만엔 이하의 벌금에 운전자가 주기상태인 경우에는 차량제공자도 동법 제117조의2의2 제2호에 따라 3년 이하의 징역 또는 50만엔 이하의 벌금에 처해지게 된다.

(2) 주류제공자

동법 제65조 제3항은 "누구든지 제1항의 규정에 위반하여 차량 등을 운전할 위험이 있는 자에 대하여 주류를 제공하거나 또는 음주를 권해서는 안된다."고 규정하여 주류를 제공하거나 권하는 행위를 금지하고 있다.

그리고 주류를 제공받은 자가 실제로 음주운전을 한 경우에는 운전자의 상태가 주취상태인가 단지 술기운만을 띤 주기상태인가에 따라 주류제공자도 처벌된다. 즉, 운전자가 주취한 상태인 경우에는 주류제공자도 동법 제117조의2의2 제3호에 따라 3년 이하의 징역 또는 50만엔 이하의 벌금에 운전자가 주기상태인 경우에는 주류제공자도 동법 제117조의3의2 제1호에 따라 2년 이하의 징역 또는 30만엔 이하의 벌금에 처해지게 된다.

(3) 동승요구자

동법 제65조 제4항은 "누구든지 차량(궤도버스 및 여객자동차운송사업용 자동차 등 제외)의 운전자가 술기운을 띠고 있는 것을 알면서 해당 운전자에 대하여 해당 차량을 운전해 자기를 운송할 요구하거나 또는 의뢰하고, 해당 운전자가 제1항의 규정에 위반하여 운전하는 차량에 동승해서는 안된다."고 규정하여 음주운전자에게 자신의 탑승을 요구하거나 의뢰하여 동승하는 행위를 금지하고 있다.

그리고 동승한 차량의 운전자가 실제로 음주운전을 한 경우에는 운전자의 상태가 주취상태인가 단지 술기운만을 띤 주기상태인가에 따라 동승요구자도 처벌된다. 즉, 운전자가 주취한 상태인 경우에는 동승요구자도 동법 제117조의2의2 제4호에 따라 3년 이하의 징역 또는 50만엔 이하의 벌금에 운전자가 주기상태인 경우에는 동승요구자도 동법 제117조의3의2 제2호에 따라 2년 이하의 징역 또는 30만엔 이하의 벌금에 처해지게 된다.

(4) 자동차 사용자

동법 제75조 제1항 제3호는 자동차의 사용자가 자동차 운전자에게 음주운전을 명하거나, 운전자의 음주운전을 하는 것을 용인하는 것을 금지하고 있다. 그리고 제117조의2 제4호와 제117조의2의2 제6호는 자동차 사용자가 주기운전 또는 주취운전을 명하거나 용인하였을 때에는 자동차 사용자에게도 그 운전자와 동일한 형사처벌을 하도록 규정하고 있다. 따라서 사용자가 주취상태인 운전자에게 운전 명하거나 용인하였을 때에는 5년 이하의 징역 또는 100만엔 이하의 벌금에, 주기상태의 운전자에게 운전을 명하거나 용인하였을 때에는 3년 이하의 징역 또는 50만엔 이하의 벌금에 처하도록 규정하고 있다.

또한 동법 제123조는 자동차 사용자가 법인인 경우 그 법인에 대하여 각죄가 정한 벌금형 또는 과료형을 부과할 수 있도록 양벌규정을 두고 있다.

4. 형법상 음주운전교통사고의 처리

(1) 종래의 입장

일본도 우리 나라와 마찬가지로 음주운전자가 교통사고를 일으켜 사람을 상해 또는 사망에 이르게 한 경우에는 종래 형법상 업무상 과실치사상죄와 도로교통법상의 음주운전죄의 경합범으로 처리하여 왔다[8]. 구형법(2007년 5월 17일 개정전 형법) 제211조는 업무상 과실치사상에 대하여 5년 이하의 징역 또는 금고나 100만엔 이하의 벌금에 처하도록 하고 있었으므로[9], 음주운전이라는 악의적 행위로 사망의 결과가 발생된 경우에도 최고 징역 7년 6개월에 처할 수 있는 정도이었다[10].

(2) 위험운전치사상죄의 신설과정

2000년 4월 무면허 상태에서 음주운전을 하던 한 남성이 검문에 불응하고 도주하다가 보도를 돌진하여 대학생 2명을 사망하게 한 사건이 카나가와현(神奈川県)에서 발생한 것을 계기로, 2001년 형법 제208조의2에 '위험운전치사상죄'가 신설되었다.

---

8) 日最判, 1974. 5. 29 刑集 28巻 4号 114頁.

9) 일본은 2007년 5월 17일의 형법개정을 통하여 제211조 제2항에 '자동차운전 과실치사상죄'를 신설하였고 동년 6월 12일에 시행되었다. 이 법이 시행으로 형법상의 '업무상 과실치사상죄'로부터 교통사고에 관한 죄를 분리하고, 그 형의 상한을 5년에서 7년으로 상향조정하였다.

10) 일본은 우리 나라 교통사고처리특례법과 같이 교통사고시 피해자와 합의하거나 종합보험에 가입한 경우 형사소추가 면제되는 특례가 존재하지 않는다. 다만 형법 제211조 제2항 단서에 의하여 상해가 경미한 경우에는 정상에 따라 형을 면제할 수 있도록 하고 있다.

이 사고로 아들을 잃은 여성이 "원래 업무상 과실치사상죄는 모터라제이션이 발달하고 있지 않는 시대(메이지 후기)에 만들어진 낡은 법률로, 자동차 사고를 상정해 만들어진 것은 아니다. 인명을 빼앗아 가면서 5년 이하의 징역·금고 또는 50만엔 이하의 벌금이라고 하는, 절도죄보다 가벼운 형벌을 부과하는 것은 악질적인 운전자가 사망 사고를 내고 있는 현상에 맞지 않는다"고 주장하며 법개정 운동을 시작하였던 것이다.

이 운동의 취지에 찬동 하는 피해자 유족들과 함께 전국 각지에서 가두 서명을 거듭해, 2001년 10월에 법무부 장관에게 마지막 서명부를 제출했을 때에는 합계로 374,339명의 서명이 모였다. 서명운동의 결과 2001년 11월 28일에 '위험운전치사상죄'를 신설하는 형법 개정안이 국회에서 가결되고, 2001년 12월 5일 법률 제 138호로 제정되어 동년 12월 25일에 시행되었다. 이 결과 법정형은 치상에 대해서 15년 이하의 징역, 치사에 대해서는 1년 이상의 유기 징역(최고 20년, 병합 가중의 경우는 최고 30년)이 되었다.

이 규정의 신설로 음주운전과 같은 악질적 행위로 인하여 사람의 생명을 잃게 하는 행위를 엄벌할 수 있게 되어, 음주운전에 기인하는 사망 사고는 격감해 2005년에는 10년전의 반수까지 감소했다[11].

---

11) 그러나 일본은 주취여부에 따라 처벌이 현저히 달라지므로 술에 취한 정도, 즉 酩酊度를 감추기 위하여 위험운전치사상죄로 처벌되어야 할 만취 운전자가 사고를 낸 후 도주(뺑소니)하거나, 호기중의 알코올 농도가 내리고 나서 체포되거나 또 도주하고 차를 숨긴 후 더욱 음주를 하거나, 사고를 낸 후에 대량의 물을 마셔 혈중 알코올 농도를 내리는 등으로 증거의 인멸을 도모하는 등, 과하여져야 할 형사처벌의 무게를 비교해 '도망이득' 상태도 발생하고 있다고 한다(上岡直見, 飲酒運転厳罰化でひき逃げ急増, JANJAN、2006. 4. 19).

(3) 위험운전치사상죄의 구성요건

일본 형법은 위험운전치사상죄를 과실치사상이나 업무상 과실치사상죄 등의 과실상해의 죄를 규정한 형법 제2편 제28장이 아니라, 고의범인 상해죄 등에 대해 규정하고 있는 동편 제27장 '상해의 죄' 안에 규정이 두어 이를 고의범에 준하여 다루고 있다.

동법 제208조의2가 규정하고 있는 위험운전은 음주운전뿐만 아니라 과속, 신호위반 등도 있다. 음주운전으로 인한 치사상죄는 동조 제1항의 전단에 " 알코올 또는 약물의 영향에 의해 정상적인 운전이 곤란한 상태로 자동차를 주행시킴으로써 사람을 부상시킨 사람은 15년 이하의 징역에 처하고, 사람을 사망시킨 사람은 1년 이상의 유기 징역에 처한다."는 형태로 규정되어 있다[12].

당초에는 운전대상 자동차를 '사륜 이상의 자동차'라고 한정하고 있었지만, 2007년 5월 17일 법률의 개정(법률 제54호)에 의해 '사륜 이상의'라는 문구가 삭제되어, 위험한 상태에서 원동기 부착 자전거나 오토바이 등을 운전해 사람을 사상시켰을 경우에도 위험운전치사상죄가 적용되게 되었다(동년 6월 12일 시행).

---

12) 2005년 치바현 마츠오쵸(千葉県松尾町)에서 33세의 남성이 음주운전을 하다가 8명의 남녀를 치고 뺑소니 해, 그 중 4명이 사망하고 4명이 중경상을 입은 사건이 발생하였는데, 이 사건에 대하여 일본 최고재판소 제2소법정은 2007년 3월 5일 피고인의 상고를 기각하고 위험운전치사죄를 적용하여(도주죄와 경합) 징역 20년을 선고한 원심을 확정하였다.

Ⅱ. 독 일

독일에서는 음주운전에 대하여 도로교통법과 형법에 각각 규정을 두고 있다. 도로교통법은 혈중알콜농도가 一定値 이상일 경우에는 사실상의 운전불안상태 여부와 관계없이 질서위반범(Ordnungswidrigkeit)으로 처벌하고, 사실상의 운전불안상태에서의 주취운전의 경우는 刑法犯으로 다스리고 있다.

즉, 도로교통법 제24a조(0.5‰ 제한)는 호흡알코올농도가 0.25mg/l 이상 또는 혈중알코올농도가 0.5‰[13] 이상일 경우나 그와 같은 혈중알코올농도에 이르게 될 정도의 알코올을 체내에 갖고 있음에도 불구하고 도로에서 자동차를 운전하는 행위는 질서위반에 해당되며(제1항). 이러한 자에 대하여는 과실의 경우까지도(제3항) 1,500유로 이하의 과태료(Geldbuße)를 부과할 수 있도록 하고 있다(제4항).

또한 형법 제316조 제1항은 알코올성분이 포함된 음료(alkoholische Getränke) 또는 그밖의 酩酊狀態를 초래하는 물질(andere berauschende Mittel)을 복용한 결과 차량을 안전하게 운전할 수 없는 상태에 이르렀음에도 불구하고 도로에서 운전행위를 한 자에 대하는 1년 이하의 자유형 또는 벌금형에 처하도록 규정하고, 제2항은 그 과실범도 처벌하도록 규정하고 있다. 그 뿐만 아니라 음주운전의 결과 타인의 생명·신체 또는 주요재산에 위해를 가한 경우에는 제315c조에

---

13) 독일에서는 음주측정에 있어서 혈중알콜농도를 천분율, 즉 Promile(‰)로 사용하고 있다. 혈중알콜농도는 혈액 1㎖(=1,000㎎)당 포함된 알콜량(㎎)을 의미하므로 이를 천분율로 표시한 0.8‰라 함은 혈액 1㎖에 0.8㎎의 알콜이 함유되어 있음을 뜻한다. 음주측정 수치는 이를 백분율(%)로 표시한 0.08%보다는 혈액 1㎖당 알콜 함유량 자체를 나타내는 0.8‰로 표시하는 것이 이해의 편의를 준다고 생각된다.

의하여 5년 이하의 자유형 또는 벌금형에 처해진다.

그런데 형법 제316조는 운전행위가 금지되는 혈중알코올 농도의 한계수치를 규정하지 않음으로써 이를 판례에 맡기고 있다. 이에 대하여 독일연방대법원은 혈중알코올농도 1.3‰를 '절대적 운전불안상태(absolute Fahrunsicherheit)'의 기준으로 하고[14], 이 기준치 이상이 되면 음주실험 또는 운전실험을 통하여 안전운전이 가능할 수 있었다는 주장으로 반증하는 것이 원칙적으로 허용되지 아니한다[15]. 그러나 혈중알코올농도가 1.3‰미만인 경우에 있어서도 사실상의 운전불안상태는 나타날 수 있는 것이므로, 이러한 경우에 추가적인 증빙자료에 의하여 음주에 의한 사실상의 운전불안상태가 증명될 때에는 소위 '상대적 운전불안상태(relative Fahrunsicherheit)'로서 음주운전죄를 인정하게 된다[16].

---

14) BGHSt 21. 157. 자동차도 될 수 있고 자전거도 될 수 있는 모페드(Moped)의 경우의 절대적 운전불안상태의 기준은 모터를 돌려서 타고 갈 때에는 1.3‰이고, 발로 페달을 밟아 전진할 때에는 1.7‰이다(LG Oldenburg 1989. 9. 8, Ns 319 Js 4188, 89).

15) BGHSt 10, 266; 13, 278(279).

16) OLG Zweibrücken은 1990. 4. 12.판결(Ss 95, 90)에서도 연방법원의 새로운 조사결과(Gutachten NZV 1990)에 근거하여 혈중알콜농도 1.22‰에서도 안전운전이 전혀 불가능할 수 있다는 결론을 내렸다. 이 밖에 운전불안상태의 기준에 대하여 상세한 것은 Vgl. Cramer, Schönke-Schröder StGB Kommentar, 24. Aufl., 1991, S. 2177 ff.

Ⅲ. 미 국

1. 통일모범차량교통법

통일모범차량교통법[17] 제11의 902a조는 “주취하게 하는 음료의 영향[18]하에 州내에서 운전하거나 이를 사실상 물리적으로 지배하는 것은 위법이고 제11의 902.2조에 규정하는 바에 의하여 처벌된다.” 고 규정하고 있다. 또한 동조 b에서는 “주취하게 하는 음료의 영향하에 차량을 운전하거나 사실상 물리적으로 지배하는 사이에 그 자가 범하였다고 주장된 행위로 인한 민사 또는 형사소송에서는 그 자의 혈액, 뇨, 호흡기 기타 체내물질의 화학적 분석의 결과로 나타난 당시 그 자의 혈중알콜농에 의하여 다음에 열거하는 추정이 이루어진다. ① 그 자의 당시 혈중알콜농도가 0.05%이하인 경우에는 주취하게 하는 음료의 영향하에 있지 아니한 것으로 추정된다. ② 그 자의 당시 혈중알콜농도가 0.05%를 초과하여 0.10% 미만일 때에는 주취하게 하는 음료의 영향하에 있었는지의 유무를 추정하지 아니한다.

---

17) 통일모범차량교통법(Uniform Vehicle Code and Model Traffic Ordinance)은 미국의 연방이나 주의 구속력 있는 법률이 아니다. 마치 모범형법전(Model Penal Code)과 마찬가지로 각 주의 입법에 모델이나 참조가 될 만한 차량규제에 관한 규정을 통일교통법전미위원회(The National Committee on Uniform Traffic Laws and Ordinance)라는 민간단체에서 연구 · 제시한 모범법전의 형태이다. 미국의 연방 내지 각 주는 통일모범차량교통법을 각 주나 연방규정사항의 실정을 고려하여 일부분씩 채택하고 있다. 이 단체에서 제시하는 통일모범차량교통법은 일정기간을 두고 개정 · 보완하고 있으며 당해 내용을 유료판매하고 있다. 자세한 사항은 http://www.ncutlo.org 참조.

18) 미국에서는 이와 관련한 법을 통상 DWI(Driving While Intoxication) Law라고 한다.

이 경우에 주취하게 하는 음료의 여하에 있었는가의 여부를 결정함에 있어서 다른 충분한 證據와 같이 고려될 수 있다. ③ 그 자의 당시 혈중알콜농도가 0.10%이상일 때에는 주취하게 하는 음료의 영향하에 있었다고 추정된다. ④ 그 자의 혈중알콜농도의 백분율은 혈액 1000㎎당 알콜의 ㎎을 기초로 한 것으로 한다. ⑤ 본 항의 전기 각 규정은 그 자가 주취하게 하는 음료의 영향하에 있었는가의 여부의 문제에 관한 다른 충분한 증거의 제시를 제한하는 것으로 해석하여서는 아니된다."고 하여 주취상태로 추정되는 혈중알콜 농도의 기준을 규정하고 있다.

또한 동법 제11의 902.2a조는 "제11의 902조의 규정에 위반하여 유죄로 된 자는 10일 이상 1년 이하의 금고나 100달러 이상 1,000달러 이하의 벌금 또는 양자를 병과한다. 재범 이상의 자는 90일 이상 1년 이하의 금고 및 법원의 재량에 의하여 1,000달러 이하의 벌금을 병과한다."고 하여 벌칙을 규정하고 있다.

2. 주요 주의 규정들

(1) 캘리포니아(California) 주

캘리포니아 주 도로교통법 제23152조[19]에서는 DWI(Driving While Intoxication)과 관련하여 알콜이나 약물 등에 취한 상태로 운전을 하는 것을 위법으로 규정하고 있다. 동조 (b)항에서는 혈중알콜 농도 0.08%를 초과한 상태에서 운전하는 것을 위법으로 하여 보다 구체화하고 있다[20]. 성인이 이 조항을 위반하면 특별한 사고나 상해

---

19) CA Vehicle Code § 23152(a).

20) CA Vehicle Code § 23152(b).

를 발생시킨 경우가 아니면 보통 1년 이하의 징역형과 390달러 이상의 벌금형에 처한다. 초범과 재범의 횟수에 따라 차등해서 양형기준을 제시하고 있다[21]. 또한 초범과 재범의 정도에 따라 차등을 두어 면허정지나 면허취소를 가할 수 있도록 하고 있다[22].

또한 사고 등으로 인하여 음주관련 범죄가 중죄(felony)[23]에 해당하는 경우에는 죄질협상(plea bargaining)을 할 수 없도록 하고 있다. 음주로 의심되는 합리적인 이유에 의하여 체포된 경우에는 호흡음주측정과 혈액음주측정을 강제할 수 있다[24]. 음주운전으로 인하여 유죄판결을 받은 자는 지역사회의 알콜이나 마약 교육 프로그램에 일정금액을 기부하여야 한다[25]. 뿐만 아니라 혈중알콜농도 측정에 소요되는 비용이나 음주운전으로 인하여 발생한 사고를 처리하기 위한 비상 · 응급처치 비용 등을 음주운전자가 지불하여야 한다[26]. 또한 음주운전을 한 차량의 경우는 경중을 나누어 일정기간 압수한다[27].

청소년에게는 보다 가혹한 처분을 가하고 있다. 청소년의 경우 혈

---

21) CA Vehicle Code § 23152(b).

22) 예를 들어, CA Vehicle Code §§ 13352, 23538 등 참조.

23) 미국에서는 일반적으로 1년 이상의 형에 처할 가능성이 있는 죄를 felony 그렇지 않은 죄를 misdemeanor로 분류하고 있다. 캘리포니아 도로교통법에 따르면 특별한 상해나 손괴의 결과발생이 없는 음주운전의 경우 misdemeanor로 취급한다.

24) *Mercer v. Department of Motor Vehicles,* 809 P.2d 404 (Cal. 1991); *People v. Sugarman* 116 Cal Reporter 2d 689 (Cal. App. 2002).

25) CA Vehicle Code § 23645(a).

26) CA Penal Code §§ 1463.14 & 1203.

27) CA Vehicle Code §§ 23594, 23592 & 22651.

중알콜농도 0.01%에 해당할 것이라고 수사기관이 합리적인 심증을 형성하고 호흡음주측정 시도하였으나 거부당한 경우 거부의 횟수에 따라 차등을 두어 1회 거부할시 면허정지 1년, 2회 거부할시 면허취소 2년, 3회 거부할 시 면허취소 3년을 의무적으로 부과하도록 하고 있다. 이 경우 최종적으로 혈중알콜농도 0.05% 이상이라는 것이 판명되어야 한다[28].

(2) 플로리다(Florida) 주

플로리다의 DWI법의 따르면 성인의 경우 혈중알콜농도 0.08% 이상 그리고 21세이하 미성년자의 경우 혈중알콜농도 0.02% 이상인 경우 그것 자체로 위법한 행위가 되며 혈중알콜농도 0.08%인 경우 주취한 것으로 추정하여 반증이 없는 한 주취상태로 인정한다. 일단 합리적인 의심이나 증거 하에 체포된 음주 혹은 마약 음용자는 체포 후 8시간이 경과하거나, 혈중알콜 농도 0.05% 이하로 판명 나거나, 여타 향정신성약품(Controlled Substance and Chemical Substance)과 음주로 인하여 취하지 않은 상태로 판명나지 않으면 방면해서는 안 된다[29]. 혈액측정은 원칙적으로 강제할 수 없으나 음주나 마약 흡입 등으로 사고를 낸 경우, 혐의자가 의식을 잃은 경우 혹은 호흡측정이나 소변측정이 비현실적인 상태일 경우 동의 없이 혈액을 채취하여 주취 등을 측정할 수 있다[30].

플로리다 주에서는 성인의 경우에도 혈중알콜농도 검사를 거부한 경우 1회와 수회로 나누어 각각 12개월 이하 혹은 18개월 이하의

---

28) CA Vehicle Code §§ 13353, 13353.4(a) & 23612.

29) FL Statute Annotated § 316.193.

30) FL Statute Annotated §§ 316.1932(1)(a) & 316.1932(1)(b).

면허정지 처분을 부과할 수 있도록 하고 있다. 플로리다의 경우 1회, 2회 그리고 3회 위반의 경우에는 경죄(misdemeanor)로 취급하여 각각 6개월, 9개월 그리고 12개월 이하의 징역에 처할 수 있도록 하고 있다. 4회 위반부터는 3급 중죄(3rd degree felony)로 분류하여 5년 이하의 징역에 처할 수 있다. 벌금의 경우도 캘리포니아와 같이 위반 회수에 따라 차등을 두는 양형기준을 가지고 있다[31]. 캘리포니아와 유사한 알콜 혹은 마약 프로그램에 기금을 납부할 의무를 부과할 수도 있다. 플로리다 주는 피해자 구호 기금(victim's compensation fund)을 운영하고 있으며 가해자에게 구호 기금 내지 피해자에게 직접 보상금을 지급하도록 명할 수 있다[32]. 또한 마약 혹은 음주 관련 교육을 받도록 명할 수도 있으며 음주 등의 상태에서 시동이 걸리지 않는 차를 사용할 것을 명할 수 있다[33]. 또한 50시간 이하의 사회봉사명령을 가할 수 있다[34].

(3) 인디애나(Indiana) 주

인디애나 주의 분류방법은 여타 주와 조금 다르다. 우선 운전시 혈중알콜농도 0.15%미만 0.8%이상일 경우 C급 경죄(class C misdemeanor)로 분류되며 혈중알콜농도 0.15%이상일 경우 A급 경죄(class A misdemeanor)로 분류된다[35]. 혈중알콜농도 0.05%이상 0.8%미만일 경우 주취상태로 추론하기 위한 유력한 증거이며 혈중알콜농도

---

31) FL Statute Annotated §§316.193 & 775.08(2).
32) FL Statute Annotated §775.089.
33) FL Statute Annotated §§316.193(5) & 322.291.
34) FL Statute Annotated §316.193(6)(a).
35) IC 9-30-5-1(a) & 9-30-5-4(a)(1).

0.8%이상일 경우 반증이 없는 한 주취상태로 추정한다[36]. 미성년자의 경우 혈중알콜농도 0.02이상 0.08미만일 경우 C급 위반(class C infraction)으로 분류한다[37].

타 주와 달리 인디애나 주에서는 어떠한 음주 내지 마약 등 음용의 위반 경우도 죄질협상을 배제하는 규정은 없다. 음주 내지 마약 등 음용 측정을 거부한 경우 1년 이하의 운전면허 정지를 명할 수 있으나 의무사항(mandatory)은 아니다[38]. C급 경죄의 경우 60일 이하의 징역형에 A급 경죄의 경우 1년 이하의 징역형에 처할 수 있다. 5년 내에 재범을 한 경우 D급 중죄(class D felony)에 해당하여 1년 6개월 이하의 징역형에 처할 수 있다. 상해 내지 손괴를 입힌 경우에는 C급 중죄(class C felony)로 분류한다[39]. 이 각각의 등급의 범죄별로 벌금도 차등해서 부과한다. 미성년자를 위하여 별도의 벌금형 규정이 존재한다[40].

플로리다와 마찬가지로 피해자가 있는 경우 가해자가 피해자에게 직접 배상을 할 것을 명할 수도 있고 인디애나 주정부 차원에서 피해자 구호 기금을 운용한다[41]. 또한 음주운전 드의 가해자에게 사고가 발생했을 시 소비된 응급조치 비용 중 최대 1000불까지 주정부가 구상할 수 있다. 또한 음주 내지 마약 운전자에게 알콜과 마약 관련 프로그램에 200불의 기금을 내도록 명령할 수 있다[42]. 음주운

36) IC 9-13-2-151.
37) IC 9-30-5-8.5.
38) IC 9-30-6-11 (a)(1).
39) IC 9-30-5-1, -2, -3, -4 & 5, IC35-50-2-6 & -7 and IC 35-50-3-2 & 4.
40) IC 35-50-2-6, IC 35-50-2-5 & -6; IC 9-30-5-8.5 & IC 34-4-32-4(c).
41) IC 35-50-5-3; IC 5-2-6.1-1.

전 등의 가해자에게 피해자영향프로그램(Victim Impact Program)에 참가하도록 명할 수 있다[43]. 위반 횟수에 따라 면허정지 내지 취소를 차등을 두어 명할 수 있게 하고 있다[44].

중한 위반자에 대하여 가택연금을 명할 수 있다. 이 경우 전자적 장치 등을 사용하여 처분을 받은 자의 동선을 감시할 수 있다[45]. 음주 시 시동이 걸리지 않는 차를 사용할 것을 명할 수 있다[46]. 또한 알콜 혹은 마약에 관한 교육이나 치료 프로그램에 참가할 것을 명할 수 있다[47].

(4) 뉴욕(New York) 주

혈중알콜농도 0.8%이상이면 주취상태(intoxicated condition)로 분류한다. 혈중알콜농도 0.7%초과이면 의식제한 상태(impaired condition)로 추정한다. 혈중알콜농도 0.5%이상 0.7%이하이면 의식제한 상태가 아닌 것으로 추정하지만 의식제한상태를 증명할 수 있는 증명력 있는 증거로 제출할 수 있다[48]. 호흡측정은 일반적으로 강제할 수 없지만 음주 운전 등으로 사고가 난 경우나 교통위반죄를 범한 경우에는 호흡측정을 강제할 수 있다[49]. 묵시적 동의에 해당한다고

---

42) IC 33-19-6-10.

43) IC 9-30-14-2.

44) IC 9-30-5-10; IC 9-30-5-8.5.

45) IC 35-38-1-21, 35-38-2-2.3(a)(15), 35-38-2.5 & 35-38-3-5.

46) IC 9-30-8-1 & 9-30-5-16.

47) IC 9-30-5-15(a)(2) & (b)(2), 9-30-9-3, 9-30-9-6 & 12-23-14-1.

48) VandT Law §1192(2).

49) VandT Law §1194(1)(b).

인정되는 경우 호흡, 혈액과 소변 검사를 할 수 있다[50]. 뉴욕 주의 경우 음주운전 등의 위반을 한 경우 죄질협상을 일반적으로 할 수 없도록 하고 있다[51]. 음주측정을 거부한 경우 엄한 처벌을 가하고 있다. 첫 번째 거부 시 15일 이하의 구금형 내지 150달러 이하의 벌금형에, 두 번째 거부 시 45일 이하의 구금 내지 300달러 이하의 벌금형에, 세 번째 거부 시 90일 이하의 구금 내지 450달러 이하의 벌금형에 처할 수 있다[52].

음주운전 등 첫 번째 위반일 경우 6개월 이하의 운전면허취소, 5년 이내 두 번째 이상 위반한 경우 1년 이하의 운전면허취소에 처할 수 있다[53]. 의식제한상태(impaired condition)라고 인정되는 경우 첫 번째 위반일 경우 교통법위반(traffic infraction)으로 분류하여 15일이하의 구금에 처하고 5년 내에 두 번째 위반을 한 경우 경죄(misdemeanor)로 분류하여 30일 이하의 징역에 처할 수 있으며 10년 내에 세 번째 이상의 위반을 한 경우 역시 경죄로 분류하여 150일이하의 징역에 처할 수 있도록 한다[54].

주취상태(intoxicated condition)라고 인정되는 경우 첫 번째 위반일 경우 경죄로 분류하여 1년 이하의 징역에 처할 수 있으며, 10년 내에 두 번째 위반을 한 경우 E급 중죄(class E felony)로 분류하여 4년 이하의 징역에 처할 수 있으며, 10년 내에 세 번째 위반을 한 경우 D급 중죄(class D felony)로 분류하여 7년 이하의 징역에 처할

50) VandT Law §1194(2)(a); VandT Law §1194(2)(a): VandT Law §1194(2)(a).
51) VandT Law §1192(10)(a).
52) VandT Law §1800(b).
53) VandT Law §1194(2)(d).
54) VandT Law §§1192(1) & 1193(1)(a).

수 있다[55]. 뉴욕 주의 다른 형이나 보안처분과 관련한 규정들은 유사하지만 대체로 의식제한상태와 주취상태를 구분하여 달리 취급하고 있다는 것이 특색이다.

(5) 텍사스(Texas) 주

운전자가 혈중알콜농도 0.08%이상이면 형사처벌한다[56]. 21세 이하 미성년자의 경우 혈중알콜농도가 조금이라도 있다면 위법한 것으로 분류한다[57]. 사고가 발생했을 시 경찰관은 혐의자에게 관련 사항을 고지하고 호흡측정이나 혈액측정을 요구할 수 있고 강제할 수도 있다[58].

음주 내지 마약 측정을 거부한 시에는 180일 이하의 기간 동안 운전면허 정지를 신청할 수 있다. 만일 재범인 경우에는 2년 이하의 기간 동안 운전면허 정지를 신청할 수 있다[59]. 이 경우 무죄로 판명난 시에는 면허정지를 취소해야 한다[60]. 음주 운전 등으로 유죄확정을 받은 경우 법원은 형의 집행을 연기하고 알콜이나 마약에 관한 병원 진단을 받아보도록 하거나, 정신과 치료를 받도록 하거나 알콜마약 프로그램에 의한 치료를 받아볼 수 있도록 명령할 수 있다[61].

초범인 경우 B급 경죄로 분류하여 72시간 이상 180일 이하의 구금

---

55) VandT Law §§1192 & 1193(1)(c).

56) Tex Penal Code §§49.01(2)(B) & 49.04.

57) Tex Alcoholic Beverage Code §§106.01 & 106.041(a).

58) Tex Tran. Code §724.012.

59) Tex Tran. Code §§724.035.

60) Tex Tran. Code §724.048(c).

61) Tex Code of Crim. Proc. Art. 45.051(b), (3), (4). (5) & (6).

혹은 징역형에 처할 수 있으며 재범인 경우 A급 경죄로 분류하여 30일 이상 1년이하의 징역형에 처할 수 있다. 만일 과실로 인한 사망의 결과가 발생한 경우에는 3급 중죄(third degree felony)로 분류하여 2년 이상 10년 이하의 징역혀에 처할 수 있다[62]. 미성년자의 경우에는 혈중알콜이 있다는 것이 발견되면 180이하의 구금에 처할 수 있다[63]. 면허정지나 취도 등의 처분도 타 주와 유사한 규정이 있으며 여타 법원이 가할 수 있는 처분의 경우도 타 주와 규정이 유사하다.

Ⅳ. 영 국

1. 도로교통법

영국 도로교통법(Road Traffic Act) 제5조 제1항은 "음주 또는 약물의 복용으로 운전이 부적합한 상태에서 도로 기타 공공장소에서 자동차를 운전하거나 운전하려고 하는 자는 처벌된다." 규정하고, 동법 제6조 제1항은 "도로 기타 공공장소에서 자동차를 운전하거나 운전하려고 한 경우 본법 제9조(실험실검사)의 규정에 의하여 실제로 그가 제공한 표본을 실험실에서 검사하여 확인한 결과 혈중알콜농도가 법정기준치를 초과한 자는 처벌된다"고 규정함으로써 주취운전과 주기운전의 경우를 나누어 규정하고 있다. 그리고 동법 제12조 제1항과 제4항은 주기의 법정기준치를 혈액 100㎖당 알콜 80㎎(0.08%) 또는 소변 100㎖당 알콜 107㎎의 비율로 정하고 있다[64].

---

62) Tex Penal Code §§12.21, 12.22, 12.34, 49.04 & 49.09.

63) Tex Alcoholic Beverage Code §106.041(b) & (c).

64) 같은 유럽국가에서도 헝가리, 체코, 슬로바키아, 루마니아, 크로아티아는 주취운전의 기준을 0.00%이상으로 규정함으로써 음주운전을 절

또한 동법 부칙은 운전부적합상태에서의 주취운전(제5조 제1항)의 경우와 혈중알콜농도가 법정기준치를 초과한 주기운전(제6조 제1항)의 경우에 공히 다음과 같은 처벌을 규정하고 있다. 즉, 즉결에 의한 경우는 4월 이하의 징역 또는 7,350유로 이하의 벌금 또는 이를 병과하고, 재범이나 경합범의 경우는 6월 이하의 징역 또는 7,350유로 이하의 벌금 또는 이를 병과하도록 하고 있다.

뿐만 아니라 동법 제5조 제5항은 주취로 인하여 자동차운전에 부적합상태에 있는 자에 대하여는 경찰관이 영장없이 체포할 수 있게 하고, 더 나아가서 동법 제7조 제1항은 혈중알콜농도의 분석을 위한 혈액, 뇨 등의 표본제출에 대한 경찰관의 요구를 정당한 이유없이 거부한 때에는 그가 운전부적합상태에 있었음을 인정하는 것으로 간주하고 있다.

2. 철도등교통안전법[65]

영국 도로교통법의 음주 내지 마약 음용 여부의 수사기관에 의한 검사부분을 대체하고 있는 철도등교통안전법(Railway and Transport Saftey Act 2003)에 따르면 경찰관은 객관적인 상당한 의심(reasonably suspect)이 있는 경우 호흡측정방법 등이 사용되는 수사단계에서의 예비검사

대적으로 금지하고 있으며, 폴란드, 스웨덴, 노르웨이, 에스토니아는 0.02%, 키프러스, 터키, 스페인, 스위스, 슬로베니아, 세르비아몬테네그로, 포르투갈, 오스트리아, 네덜란드. 마케도니아, 라트비아, 이탈리아, 프랑스, 그리스, 이이스랜드, 핀란드, 덴마크, 벨기에, 불가리아, 보스니아헤르츠고비나는 0.05%이다. 영국을 비롯한 말타, 아일랜드, 룩셈부르크는 0.08%로 가장 관용적인이다.

65) 1988년에 제정된 영국 도로교통법은 2003년에 제정된 영국 철도등교통안전법으로 일부 대체되었다.

(preliminary test)를 실시할 수 있다고 규정하고 있다[66]. 이러한 규정은 미국 각 주의 규정들과 흡사하다.

예비검사는 호흡검사(preliminary breath test), 신체활동검사(preliminary impairment test), 마약검사(preliminary drug test)의 종류가 있다. 호흡검사는 여러 제 국가에서 하는 방식과 동일하게 일정한 기기를 이용하여 호흡 샘플(specimen)을 검사하여 혈중알콜농도를 측정하는 방식이다[67]. 신체활동검사는 경찰관이 혐의자에게 특정한 행위를 지시하여 혐의자의 신체활동 등을 오감을 통하여 검사하는 방식이다. 혐의자에게 지시하는 신체행동의 종류 내지 측정 방법은 국무부 장관(Secretary of State)이 제정한 기준표(code of practice)에 따른다[68]. 마약검사는 경찰관이 혐의자의 옷 등 소지물에서 일정한 샘플을 채취하여 검사·측정하는 방식이다[69].

만일 수사기관의 예비검사절치에 혐의자가 협조하지 않거나, 검사과정에서 마약이 검출되거나 일정량 이상의 혈중알콜 농도가 검출되거나 행동검사의 기준치에 미달하는 혐의자의 행위가 발견될 때에는 영장없이 체포할 수 있다. 하지만 혐의자가 병원에 환자로 입원하여 있는 상태라면 체포할 수 없다[70].

66) 영국 철도등교통안전법 제7장 6조 참조.
67) 동법 제7장 6A조 참조.
68) 동법 제7장 6B조 참조.
69) 동법 제7장 6C조 참조.
70) 동법 제7장 6D조 참조.

제2장 음주운전과 교통사고

제1절 음주운전죄

Ⅰ. 구성요건

현행 도로교통법상의 음주운전죄(제150조 제1호)의 구성요건은 제44조 제1항의 규정에 위반하여 '술에 취한 상태에서 자동차 등을 운전하는 것'이다.

1. 주 체

술에 취한 상태에서 자동차를 운전하는 자이면, 예를 들어 운전면허의 유무를 불문하고 누구라도 본죄의 주체가 된다. 본죄는 음주운전자가 운전을 직접하지 않으면 음주운전죄가 성립이 되지 않는다. 따라서 운전자와 동승자가 같이 음주를 하고 차량에 동승하여 왔다면 음주운전자는 음주운전죄로 처벌을 받고 동승자는 음주운전죄의 공범이 될 여지가 있다.

대법원은 '운전병이 운전하던 짚차의 선임 탑승자는 이 운전병의 안전운행을 감독하여야 할 책임이 있는데 오히려 운전병을 데리고 주점에 들어가서 같이 음주한 다음 운전케 한 결과 위 운전병이 음주로 인하여 취한 탓으로 사고가 발생한 경우'에는 위 선임 탑승자에게도 공동정범이 성립한다고 인정하고 있다[1].

2. 행 위

음주운전죄의 행위는 술에 취한 상태에서 자동차 등을 운전하는 것이다.

(1) 술에 취한 상태

술에 취한 상태의 개념에 대하여 도로교통법 제44조 제4항은 '제1항의 규정에 따라 운전이 금지되는 술에 취한 상태의 기준은 혈중알콜농도가 0.05퍼센트(%)[2] 이상으로 한다'고 규정하고 있다. 이와 같이 현행 도로교통법은 운전자가 기준치 이상의 음주상태에 있기만 하면 사실상의 운전적합성에 관계없이 본죄의 성립을 인정하고

1) 대법원 1979. 8. 21. 선고 79도1249 판결.

2) 우리 경찰에서 사용하고 있는 알콜호기측정기를 사용하여 혈중알콜농도 0.05%에 이르는 주류의 종류별 음주량을 측정한 바에 의하면, 60㎏의 체중을 가진 남자를 기준으로 할 때 소주(25°)는 1.77잔(106㎖), 맥주(4°)는 2.22컵(443㎖), 위스키(41°)는 1.08잔(65㎖)을 마시고 30분이 경과한 때에 이러한 상태에 도달한다고 한다(민예기 등, 앞의 책, 77~79면 참조). 알콜의 흡수속도는 술의 종류(위스키등과 같은 증류주는 청주등과 같은 양조주보다도 흡수가 빠르고, 혈중알콜농도가 정점에 달하는 시간도 빠르다. 맥주는 약한 술이기는 하나 탄산가스를 포함하고 있기 때문에 흡수도 빠르고, 혈중으로부터의 소실도 빠르다고 한다: 赤羽治郎, アルコ-ル藥理と飮酒運轉との關聯, 刑法と科學, 植松正博士還曆祝賀 心理學·醫學編, 有斐閣, 1970, 581-582頁), 음주량, 위속의 내용물, 위가 비어 있는 시간, 배설속도, 음주속도와 환경, 체중, 신체적·정신적 상태에 따라서 달라지므로 음주량에 따라 혈중알콜농도가 반드시 일정한 것은 아니라고 할 것이나 하나의 통상치는 될 수 있으리라고 본다.

있다[3].

현행법은 술에 취한 상태의 기준을 혈중알콜농도에 따라 정하고 있으므로 그 기준치에의 도달여부는 원칙적으로 혈액검사를 통하여야 할 것이나, 동조 제2항은 편의상 알콜감지기를 이용한 호흡검사를 이용할 수 있도록 하고 있다. 한편 이러한 과학적 측정이 불가능한 경우에는 외관적 관찰, 음주량, 음주후의 경과시간 등으로부터 경험칙상 알콜농도가 판정되면 족하다는 입장[4]이 있다.

그러나 본죄는 사실상의 운전불안상태여부를 구성요건으로 하는 것이 아니라 혈중알콜농도가 0.05%를 초과하는가의 여부만이 관심의 대상이라는 점, 또한 경험칙에 영향을 미칠 혈중알콜농도에 따라 징표되는 여러 증상[5]들은 일반적인 것에 불과한 것이지 누구에게나 언제나 통용되는 절대적인 징표가 되지 못한다는 점[6]을 고려할 때

---

3) 이 점에 있어서 동조의 구성요건은 일본 도로교통법상의 주기운전죄와 그 성질에 있어서 동일하며, 우리 도로교통법에서의 '주취'의 개념은 사실상 일본 도로교통법상에서의 '주기'에 해당한다.

4) 서울민사지방법원 1990. 8. 30. 선고 90가합45880 판결; 日最判, 昭和 41.9.20; 東京高判, 昭和 38.3.26; 東京高判, 昭和 53.12.13; 東京高判, 昭和 58.6.1; 伊藤榮樹·小野慶二·莊子邦雄 編, 注釋 特別刑法 第6卷 交通·通信法 編 Ⅰ, 立花書房, 1982, 297頁.

5) 일반적으로 혈중알콜농도가 0.05%~0.15%에서는 안면홍조, 보행정상, 약간 취하며, 말이 좀 많아지고, 기분이 좋은 정도라고 하므로(田中圭二, 酩酊と刑事責任 -「自制能力」との關聯で-, 成文堂, 1985, 59頁 참조), 이러한 정도의 외관상의 징표로서 주기의 정도를 입증할 수 있다는 것은 의문이 아닐 수 없다.

6) 개인의 알콜내성에 따라, 또는 그 당시의 신체적·정신적 상황에 따라서 혈중알콜농도가 0.05%에 달하지 않은 상태에서도 그 이상의 혈중 알콜 농도에서 일반적으로 나타날 수 있는 증상을 외관상 보일 가능성이 있다(이정균, 앞의 책, 398면).

과학적 측정방법에 의하지 아니한 경험칙에 의한 본죄의 인정은 피의자의 불이익을 초래할 우려가 있으므로 타당하지 않다고 본다[7].

또한 과학적 방법에 의하여 주기여부를 판단하는 경우에 있어서도 혈중알콜농도는 시간의 경과에 따라 변화하게 되므로[8], 측정시점을 언제로 하는가가 문제가 된다. 이에 대하여는 원칙적으로 행위당시에 신체내에 보유하고 있는 알콜량에 대한 측정에 의한 수치를 기준으로 구성요건의 성립여부를 결정하여야 할 것이다. 그러나 혈중알콜농도의 측정은 실제로 대부분의 경우에 행위종료 얼마 후에 이루어지기 때문에 부득이한 경우에는 과학적인 역산방법을 통하여 행위당시의 알콜 보유정도를 추산할 수 있을 것이다[9].

(2) 자동차 등

자동차 등은 자동차와 원동기장치자전차를 말한다[10]. 즉, 도로교통법상 '자동차'는 철길 또는 가설된 선에 의하지 아니하고 원동기를 사용하여 운전되는 차(견인되는 자동차도 자동차의 일부로 본다)로서 자동차관리법 제3조의 규정에 의한 승용자동차·승합자동차·화물자동차·특수자동차·이륜자동차 및 건설기계관리법 제26조 제1항 단서의 규정에 의한 건설기계를 말한다(동법 제2조 제17호). 그리고 '원동기장치자전차'란 자동차관리법 제3조의 규정에 의한 이륜자동차 중 배기량 125cc이하의 이륜자동차와 50cc미만의 원동기를 단 車를 말한다(동법 제2조 제18호). 따라서 경운기는 농업기계

---

7) 같은 취지: 손기식, 앞의 책, 317면.

8) 구체적 변화정도는 민예기 등, 앞의 책, 71면 이하 참조.

9) 손기식, 앞의 책, 317면 참조.

10) 대법원 1990. 11. 27. 선고 90도1516 판결.

이므로 자동차에 해당되지 않는다[11].

(3) 운 전

운전이라 함은 도로에서 차를 그 본래의 사용방법에 따라 사용하는 것(조종을 포함한다)을 말한다(동법 제2조 제24호)[12]. 따라서 도로가 아닌 곳에서 또는 본래의 사용방법이라고 할 수 없는 방법으로 자동차를 사용하는 것은 운전이 아니므로 음주운전죄 또한 성립되지 않는다.

1) 도 로

도로란 도로법에 의한 도로, 유료도로법에 의한 유료도로뿐만 아니라 그 밖에 현실적으로 불특정 다수의 사람 또는 차마의 통행을 위하여 공개된 장소로서 안전하고 원활한 교통을 확보할 필요가 있는 장소를 말한다(동법 제2조 제1호). 즉, 도로란 현실적으로 불특정다수의 사람 또는 차량의 통행을 위하여 공개된 장소로서 교통질서유지 등을 목적으로 하는 일반교통경찰권이 미치는 공공성이 있는 곳을 의미하는 것이고 특정인들 또는 그들과 관련된 특정한 용건이 있는 자들만이 사용할 수 있고 자주적으로 관리되는 장소는 이에 포함된다고 볼 수 없다.

---

11) 대법원 1985. 7. 9. 선고 84도2884 판결.

12) 자동차손해배상보장법상 보장의 대상은 자동차의 "운행"으로 사람이 사망하거나 부상한 경우에 한정된다(동법 제2조). 여기서 "운행"이라 함은 사람 또는 물건의 운송여부에 관계없이 자동차를 당해 장치의 용법에 따라 사용하는 것을 말한다. 따라서 자동차사고로 인한 손해배상보장을 받기 위하여는 반드시 도로에서의 운전중 사고에 한정되지 않는다.

따라서 외부차량이 경비원의 통제없이 자유롭게 출입할 수 있는 아파트 단지내 통행로[13], 주택가 막다른 골목길[14]은 물론 자신이 운영하는 민박집으로의 통행을 위하여 개인이 사비를 들여 개설한 교통로도 그 한쪽 끝이 郡道와 연결되어 있고 다른 한쪽 끝은 등산로와 연결되어 있어서 현실적으로 등산객의 통행이 빈번하다면[15] 불특정다수의 사람 또는 차량의 통행을 위하여 공개된 장소로서 교통질서 유지 등을 목적으로 하는 일반 교통경찰권이 미치는 공공성이 있는 도로에 해당한다.

[도로에 해당하는 경우] ① 광장주차장과 같이 관리자의 용인하에 '불특정다수'의 사람과 차량이 통행하는 곳이며 그 곳을 통행하는 차량 등에 대하여 충분한 통제가 이루어지지 않았다면 이러한 주차장은 일반교통에 사용하는 곳으로서 도로라고 할 수 있다. (대법원 1992. 9. 22. 선고 92도1777 판결)

② 지역 일대의 주차난 해소 등의 공익적 목적을 가지고 설치된 공영주차장이 불특정 다수의 사람 또는 차량의 통행을 위하여 공개된 장소로서 도로교통법 제2조 제1호에서 말하는 도로에 해당한다. (대법원 2005. 9. 15. 선고 2005도3781 판결)

③ 주취운전한 자동차가 도로의 일부에라도 진입하였을 때에는 이와 같은 도로교통의 안전이 해쳐질 우려가 있다고 할 것이므로 자동차의 일부라도 주차장을 벗어나 도로에 진

---

13) 대법원 1997. 9. 30. 선고 97누7585 판결.

14) 대법원 1993. 6. 22. 선고 93도828 판결.

15) 대법원 1998. 3. 27. 선고 97누20755 판결.

입한 경우에는 도로에서 주취운전을 한 경우에 해당한다. (대법원 2007. 3. 30. 선고 2007도678 판결)[16)]

[도로에 해당하지 않는 경우] ① 노상주차장도 도로법이나 유료도로법에 우선하는 주차장법의 적용을 받는 곳이므로 역시 도로로 볼 수 없다. (대법원 1993. 1. 19. 선고 92도2901 판결)

② 도로로서의 이용성이나 통행의 공개성이 확보되지 않는 빌딩의 부설주차장은 도로로 볼 수 없다. (대법원 1994. 1. 25. 선고 93도1574 판결)[17)]

③ 대학교에 재학 중인 학생들이나 그곳에 근무하는 교직원들이 이용하는 대학시설물의 일부로 학교운영자에 의하여 자주적으로 관리되는 대학교 구내는 불특정 다수의 사람 또는 차량의 통행을 위하여 공개된 장소로 일반교통경찰권이 미치는 공공성이 있는 곳이 아니어서 역시 도로라고 볼 수 없다. (대법원 1996. 10. 25. 선고 96도1848 판결)

④ 호텔 주차장은 '일반 교통에 사용되는 곳'이라고 규정된 도로교통법상의 '도로' 개념에 해당하지 않으므로 경찰의 음주측정 요구에 반드시 응해야 할 의무가 없는 만큼 김씨가 경찰공무원의 음주측정요구에 불응한 것은 도로교통법상의 음주측정에 응할 의무를 위반한 행위에 해당되지 않는다. (대

16) 같은 취지: 대법원 1993. 1. 19. 선고 92도2901 판결 참조.

17) 같은 취지: 대법원 1993. 7. 13. 선고 92누18047 판결; 대법원 1992. 10. 9. 선고 92도1662 판결; 대법원 1992. 4. 14. 선고 92도448 판결 등 참조.

법원 2001. 2. 9. 선고 2000두4484 판결[18])

⑤ 아파트단지 내 건물과 건물 사이의 "ㄷ"자 공간 안에 주차구획선을 그어 차량이 주차할 수 있는 주차구역의 통로 부분은 그 곳에 차량을 주차하기 위한 통로에 불과할 뿐 현실적으로 불특정 다수의 사람이나 차량의 통행로로 사용되는 것이라고 볼 수 없어 이를 도로교통법 제2조 제1호에 정한 일반교통에 사용되는 도로라고 할 수는 없다. (대법원 2005. 1. 14. 선고 2004도6779 판결)

2) 본래의 사용방법

'본래의 사용방법'이란 자동차 등을 원동기를 사용하여 움직이는 것을 의미한다[19]. 따라서 일시적으로 원동기의 동력을 정지시켜 타력으로 주행시킨 소위 타력운전의 경우에 있어서는 그 전후의 주행을 운전이라고 할 수 있을 것이나, 원동기의 사용없이 단지 비탈길을 이용한 타력만으로 주행시킨 경우는 운전이 아니라고 하여야 할 것이다[20].

마찬가지로 주차된 차량에 시동을 거는 것만으로는 부족하고 최소한 기어를 넣어 동력이 차량바퀴에 전달되는 정도의 차량발진을

18) 호텔 주차장에서 음주상태로 승용차를 후진하던 중 뒷벽을 들이받은 뒤 호텔로 들어가 잠을 잤으나, 신고를 받고 출동한 경찰이 그 운전자를 임의동행하는 과정에서 경찰의 음주 측정 요구를 거부한 사건이다.

19) 손기식, 앞의 책, 344면.

20) 같은 취지: 손기식, 앞의 책, 328면. 이에 대하여는 원동기의 사용없이 단지 惰力만으로 비탈길을 주행시킨 경우도 원동기에 의한 주행과 동질의 위험이 있다는 점에서 타력만의 주행도 운전으로 본 견해도 있다(萩原昌三郎, 無免許運轉, 判例タイムズ 第284卷, 226~227頁).

위해 필요한 조작을 완료한 상태는 운전으로 볼 수 있다[21]. 그러나 시동을 걸지 않은 상태에서 핸드브레이크를 풀고 브레이크 페달을 조작하여 경사진 도로를 내려온 경우[22]나 주행함이 없이 단지 시동을 건 채 운전석에 타고 있는 경우[23]는 운전이 아니라고 하여야 할 것이다. 또한 자동차 운전경험이 전혀 없는 자가 호기심에서 자기 집 앞길에 시동이 걸린 채로 정차되어 있는 자동차의 운전석에 앉아 가속기를 밟으면서 자동변속장치를 임의로 조작하여 자동차를 출발, 진행하게 한 행위는 자동차의 본래의 용법에 따른 운전에 해당한다고 볼 수 없다[24].

[본래의 사용방법에 해당하는 경우] ① 주차된 차량에 시동을 거는 것만으로는 부족하고 최소한 기어를 넣어 동력이 차량바퀴에 전달되는 정도의 차량발진을 위해 필요한 조작을 완료한 상태는 운전으로 볼 수 있다. (서울지방법원 1999. 4. 27. 선고 99노518 판결)

② 도로에서 자동차의 시동을 걸어 이동하였다면 그것이 주차된 다른 차량의 출입의 편의를 위하여 주차시켜 놓았던 차량을 이동시켜 주기 위한 것이더라도 차량을 그 본래의 사용방법에 따라 사용하는 것으로서 도로교통법상의 '운전'에

21) 서울지방법원 1999. 4. 27. 선고 99노518 판결.

22) 윤배경, 도로교통법상 "운전"의 개념과 자동차손해배상보장법상의 "운행"의 개념, 판례연구 제14집, 서울지방변호사회, 2001, 186면; 서울행정법원 1999. 3. 18. 선고 98구23641 판결.

23) 서울지방법원 1999. 4. 27. 선고 99노518 판결.

24) 서울고등법원 1989. 12. 5. 선고 89나25948 판결.

해당한다. (대법원 2005. 9. 15. 선고 2005도3781 판결[25])

[본래의 사용방법에 해당하지 않는 경우] ① 자동차 운전경험이 전혀 없는 자가 호기심에서 자기 집 앞길에 시동이 걸린 채로 정차되어 있는 자동차의 운전석에 앉아 가속기를 밟으면서 자동변속장치를 임의로 조작하여 자동차를 출발, 진행하게 한 행위는 자동차의 본래의 용법에 따른 운전에 해당한다고 볼 수 없다. (서울고등법원 1989. 12. 5. 선고 89나25948 판결)

② 어떤 사람이 자동차를 움직이게 할 의도 없이 다른 목적을 위하여 자동차의 원동기(모터)의 시동을 걸었는데, 실수로 기어 등 자동차의 발진에 필요한 장치를 건드려 원동기의 추진력에 의하여 자동차가 움직이거나 또는 불안선한 주차상태나 도로여건 등으로 인하여 자동차가 움직이게 된 경우는 자동차의 운전에 해당하지 아니한다. (대법원 2004. 4. 23. 선고 2004도1109 판결)

③ 어떤 사람이 자동차를 움직이게 할 의도없이 다른 목적을 위해 자동차의 원동기(모터)의 시동을 걸었는데, 실수로 기어 등 자동차의 발진에 필요한 장치를 건드려 원동기의 추진력에 의해 자동차가 움직이거나 또는 불안전한 주차상태나 도로여건 등으로 인해 자동차가 움직이게 된 경우는 자동차의 운전에 해당하지 않는다. (대법원 2005. 11. 10. 선고 2005도6563 판결[26])

---

25) 같은 취지: 대법원 1993. 6. 22. 선고 93도828 판결 참조.

26) 혈중알콜농도 0.121%의 주취상태에서 경사진 대로에 세워둔 자신의

④ 주차 중의 자동차를 새로 발진시키려고 하는 경우에 자동차를 그 본래의 사용 방법에 따라 사용하였다고 하기 위해서는 단지 엔진을 시동시켰다는 것만으로는 부족하고 이른바 발진조작의 완료를 요하며, 또한 그로써 족하다고 할 것이므로, 자동차를 운전하기 위하여 시동을 걸려고 하였으나 차량이 물에 잠겨 시동이 걸리지 않는 경우를 두고 도로교통법이 규정하는 '운전'이라고 볼 수 없다. (대전지방법원 2007. 6. 1. 선고 2007노228 판결[27])

3. 고 의

본죄는 고의에 의한 경우에만 성립되고 처벌된다. 고의의 인식대상은 '체내에 도로교통법 제44조 제4항이 정한 정도이상의 알콜을 보유한 주취상태'와 '운전'의 양자에 미치는 것으로 생각된다. 즉, 행위자가 알콜을 자기의 신체에 보유하고 도로를 운전한다는 인식이 있으면 족하고 동조 제4항에 규정된 소정의 혈중알콜농도의 수치까지를 인식하고 있을 필요는 없다[28]. 따라서 비록 운전의 동기가 주차장소의 변경 등에 있다고 하더라도 음주상태에서의 운전을 인식하고 있는 이상 음주운전죄는 성립한다[29].

무쏘 승용차에서 히터를 켜고 잠을 자기 위해 시동을 걸었으나 기어를 중립에 놓는 바람에 뒤에 주차돼 있던 타인 소유의 승용차를 추돌, 음주운전 혐의로 기소돼 1, 2심에서 무죄를 선고받은 사건이다.

27) 같은 취지: 대법원 1999. 11. 12. 선고 98다30834 판결 참조.

28) 日大判, 昭和 52.9.19.

29) 서울고등법원 1994. 2. 2. 선고 93구20032 판결.

Ⅱ. 위 법 성

위법성이 조각될 여지는 음주운전죄에서도 있다. 예를 들어, 병원에 전화연결이 닿지 않고 주위에 운전을 할 수 있는 사람이 없어서 부득이 응급환자를 태우고 운전하여 병원까지 간 경우와 같이 음주운전이 유일한 수단이었거나 법익균형을 유지할 때에는 제한된 범위내에서 긴급피난에 의한 위법성조각이 가능하다고 하여야 할 것이다[30].

Ⅲ. 책 임 성

도로교통법상의 음주운전죄가 형법 제10조 제1, 2항의 규정에 대한 특별규정임을 밝히는 규정도 없을 뿐만 아니라, 음주운전죄가 형벌의 부과를 예정하고 있는 이상 비난가능성으로서의 규범적 책임이 불가피하게 전제되어야 하므로, 설혹 명문의 규정을 두어 음주운전죄에는 형법 제10조 제1, 2항의 적용을 배제한다고 하더라도 이는 타당하지 않다고 하여야 할 것이다.

따라서 도로교통법상의 음주운전죄의 규정은 형법총칙의 적용을 배제하는 특별규정이라고 볼 수 없다고 하겠다. 그러므로 자의로 심신장애의 상태(酩酊狀態)를 초래하고 그 상태에서 음주운전을 하지 않는 한(즉, 형법 제10조 제3항의 원인에 있어서 자유로운 행위의 구성요건에 해당하지 않는 한)[31], 본죄에도 형법 제10조 제1, 2항이

30) 구체적 요건에 관하여는 김성천 · 김형준, 형법총론(제3판), 2005, 338면 이하 참조.

31) 이와 같이 음주운전이 고의 또는 과실의 '원인에 있어서 자유로운 행위'의 형태로 행하여 진 경우에는 그 운전자의 책임은 감면되지 않는

적용되어 책임이 감경 또는 조각된다고 보아야 할 것이다[32].

Ⅳ. 형사처벌 및 행정처분

1. 형사처벌

동법 제150조 제1호는 음주운전죄를 범한 자를 2년 이하의 징역 또는 500만원 이하의 벌금에 처하도록 규정하고 있다. 검찰은 대체로 혈중알코올농도 0.36%이상은 구속수사를 원칙으로 하여 구공판 기소하고, 0.31%-0.35%에서는 벌금 400만원, 0.26%-0.30%에서는 벌금 300만원, 0.21%-0.25%에서는 벌금 250만원, 0.16%-0.20%에서는 벌금 200만원, 0.11%-0.15%에서는 150만원, 0.05%-0.10%에서는 100만원 정도로 약식기소하고 있다.

2. 행정처분

(1) 행정처분의 내용

음주운전자는 형사처벌외에도 운전면허에 대한 행정처분도 동시에 받게 된다. 도로교통법 제93조 제1항 제1호에 따라 지방경찰청장은 운전면허를 받은 사람이 음주운전을 한 때에는 행정자치부령이 정하는 기준에 의하여 운전면허를 취소하거나 1년 이내의 범위에서 운전면허의 효력을 정지시킬 수 있다(동법 시행규칙 제91조

다(대법원 1995. 6. 13. 선고 95도826 판결; 대법원 1994. 2. 8. 선고 93도2400 판결; 대법원 1992. 7. 28. 선고 92도999 판결; 대법원 1968. 4. 30. 선고 68도400 판결).

32) 같은 취지: 손기식, 앞의 책, 116면.

제1항 별표 28).

1) 면허취소

혈중알콜농도 0.05%이상인 상태에서의 운전중 교통사고로 사람을 죽게하거나 다치게 한 경우, 혈중알콜농도 0.10%이상의 상태에서 운전한 경우 또는 측정불응의 경우에는 운전면허는 취소된다.

2) 면허정지

혈중알콜농도 0.05%이상 0.10%미만 상태에서의 운전에 대하여는 100일 이하의 면허정지를 받게 된다.

(2) 행정처분의 재량범위

운전면허를 받은 사람이 음주운전을 하다가 고의 또는 과실로 교통사고를 일으킨 경우에 운전면허의 취소 또는 정지 여부는 행정청의 재량행위이다. 그러나 운전면허 행정처분기준은 그 규정의 성질과 내용이 행정청 내부의 사무처리준칙을 규정한 것에 지나지 아니하여 대외적으로 법원이나 국민을 기속하는 효력은 없다[33]. 따라서 운전자가 설혹 동 규칙의 기준에 부합하여 면허취소처분을 받았다고 하더라도 그것이 재량권의 범위를 일탈한 경우에는 그 취소처분도 취소될 수 있다[34].

---

33) 대법원 1991. 6. 11. 선고 91누2083 판결.

34) 대법원 1993. 10. 12. 선고 93누14325 판결; 대법원 1991. 6. 11. 선고 91누2083 판결; 대법원 1991. 5. 10. 선고 91누1417 판결; 대법원 1990. 10. 30. 선고 90누3294 판결; 대법원 1989. 11. 24. 선고 89누4055 판결 참조.

오늘날 자동차가 대중적인 교통수단이고 그에 따라 대량으로 자동차운전면허가 발급되고 있는 상황이나 음주운전으로 인한 교통사고의 증가 및 그 결과의 참혹성 등에 비추어 볼 때, 음주운전으로 인한 교통사고를 방지할 공익상의 필요는 더욱 강조되어야 하고 운전면허 취소에 있어서는 일반의 수익적 행정행위의 취소와는 달리 그 취소로 인하여 입게 될 당사자의 불이익보다는 이를 방지하여야 하는 일반예방적 측면이 더욱 강조되어야 할 것이기 때문이다[35].

대법원은 운전을 직업으로 하는 자이어서 면허가 취소될 경우 생계가 어려운 경우에는 음주운전의 동기, 음주정도, 무사고운전경력, 음주후의 운전거리 등을 고려하여 운전자의 입장에서 면허취소로 입게 될 불이익 여부 판단하고 있는 것으로 보인다. 그러나 같은 생계형 운전자라고 하더라도 음주운전으로 물적 또는 인적 교통사고를 유발하였거나, 음주단속에 불응하고 도주하는 등의 경우에는 재량권의 남용이 없는 적법한 면허취소처분으로 판단하고 있다. 구체적으로 이를 정리하면 다음과 같다.

[재량권을 일탈한 면허취소] ① 원고가 대학교의 학장으로 근무하면서 퇴근길에 집부근에 있는 생맥주 집에서 동료교수들과 평소의 주량에 훨씬 못미친 양의 생맥주 1잔을 마시고 운전하다가 단속경찰관에게 적발되었으나 그 음주운전으로 인하여 어떤 사고도 발생하지 아니한 것이라면 관할관청인 피고가 이 사건 자동차운전면허를 취소한 것은 재량권의 범위를 일탈한 것으로서 위법하다. (대법원 1990. 10. 30.

35) 대법원 1995. 9. 29. 선고 95누5882 판결.

선고 90누4020 판결)

② 손수운전을 하면서 업무수행을 하여야 하는 회사의 상무이사가 맥주 한두잔을 마시고 약 200미터 정도 운전을 하고 가다가 적발되었으나 그 음주운전으로 인하여 어떤 사고도 발생하지 아니한 경우에 음주운전을 이유로 운전면허를 취소한 처분이 재량권을 일탈한 위법이 있다. (대법원 1991. 5. 10. 선고 91누1417 판결)

③ 무사고운전경력이 인정되어 개인택시 및 개인택시운송사업면허를 대금 25,500.000원에 양수하여 개인택시운송사업을 하는 원고가 비번 날 친구와 함께 소주 2홉들이 1병을 나누어 마시고 여동생의 승용차를 운전 중 적발된 경우, 개인택시운송사업이 원고의 유일한 생계수단이며 원고의 운전면허가 취소되면 개인택시운송사입면허까지 취소되게 되어 위 투자금액을 회수할 수 없게 되는 점 등의 여러 사정들을 참작하여 음주운전을 이유로 도로교통법상 가장 무거운 운전면허취소처분을 하는 것은 도로교통법에 의하여 달하려는 공익적 목적의 실현보다는 원고가 입게될 불이익이 너무커서 이익교량의 원칙에 위배되므로 재량권을 일탈하여 위법하다. (대법원 1991. 6. 11. 선고 91누2083 판결)[36)]

④ 가구점 운전기사가 자신의 집에 도착하여 주차할 장소를 찾기 위하여 돌아다니다가 경찰관에게 적발되었고 음주운전으로 인하여 아무런 사고를 일으키지 아니한 경우, 자동차운전면허가 취소되면 그의 생계에 막대한 지장을 입게 되는

36) 같은 취지: 대법원 1990. 10. 16. 선고 90누4297 판결.

데 주취운전이 운전면허행정처분의 기준에 해당한다는 점만을 내세워 그 운전면허를 취소까지 한 것은 도로교통법에 의하여 달성하고자 하는 공익목적의 실현보다는 그로 인하여 운전기사가 입게 될 불이익이 너무 커서 이익교량의 원칙에 위배된다 할 것이므로 위 처분은 재량권을 남용하거나 그 한계를 넘은 위법한 처분에 해당한다. (대법원 1995. 9. 29. 선고 95누9686 판결)

⑤ 원고가 위 승용차를 운전한 것이 다른 차의 통행을 막고 있는 위 승용차를 한적한 곳으로 옮기기 위한 것이었고, 그 음주운전의 동기나 음주측정 거부의 경위에 모두 참작할 만한 사정이 있다고 할 수 있다. 또한 20여 년 동안 운전업무에 종사하면서 교통사고를 내거나 도로교통법 위반의 전력이 없으며, 개인택시 운전사로서 운전면허가 취소되는 경우 생업에 커다란 영향이 있게 되는 것을 알 수 있으므로 음주측정을 거부한 것만으로 굳이 운전면허를 취소할 필요까지는 없다. (대법원 1997. 9. 5. 선고 97누6698 판결)

⑥ 운전직 지방공무원이 자신의 차량 뒤에 주차한 다른 차량의 진로를 열어주기 위하여 부득이 이 사건 음주운전을 하게 되었고 그 운전 거리도 약 25m에 불과한 점, 원고는 당초 음주운전이 아닌 다른 혐의로 파출소로 갔다가 원고와 시비를 벌인 참고인의 진술이 계기가 되어 갑자기 경찰관으로부터 음주측정요구를 받게 되었던 점, 원고는 운전원으로 근무하는 지방공무원으로서 아무런 교통사고 없이 근무하여 오다가 이 사건 처분으로 신분상의 불이익을 받게 된 점 등을 감안하면, 원고의 운전면허를 취소함으로써 달성하려는 공익에

비하여 그로 인하여 원고가 입게 될 불이익이 막대하여 원고에게 지나치게 가혹하다 할 것이므로 이 사건 처분은 운전면허취소에 관한 재량권을 남용한 위법이 있다. (대법원 1998. 3. 27. 선고 97누20755 판결)

⑦ 원고의 주취정도가 운전면허취소기준을 초과하고 있기는 하나, 원고는 집에서 잠을 자다가 20년만에 친구의 전화를 받고 그와 함께 술을 마시다가 만취한 친구가 그의 차를 운전하여 가려고 하는 것을 보고 그를 대신하여 그의 차량을 운전하고 가다가 단속경찰관에게 적발된 것으로 보이는 점, 원고는 처와 함께 화원을 운영하면서 원고가 직접 차량을 운전하여 배달을 하고 있기 때문에 원고의 자동차운전면허가 취소되면 영업에 커다란 어려움이 발생하고 이에 따라 원고 가족의 생계에도 영향을 미치게 될 것으로 보이는 섬, 원고는 운전면허를 취득한 이래 적성검사미필로 면허가 취소된 것을 제외하고는 음주운전이나 교통사고 및 교통법규위반 전력이 전혀 없는 점 등을 종합해 보면, 이 사건 처분은 원고의 위반행위에 비하여 지나치게 가혹한 것으로서 재량권의 범위를 벗어난 것으로 판단된다. (서울행정법원 2002. 3. 22. 선고 2001구51776 판결)

⑧ 원고는 2004. 9. 23. 00:35경까지 부산 사상터미널 앞 상호불상의 식당에서 술을 마신 후 대리운전기사로 하여금 자동차를 운전하게 하여 집으로 가고 있었는데, 대리운전기사가 구포시장 부근 도로에 위 자동차를 정차시킨 후 차에서 내려 어디론가 가버린 사실, 이에 원고는 그 곳에서 집까지의 거리가 얼마 되지 아니하여 자신이 직접 운전을 하여도 괜찮

을 것으로 생각하고 자동차를 운전하다가 음주단속에 적발된 사실을 각 인정할 수 있는바, 위 인정사실에 나타난 운전경위에 참작할 바가 있는 점, 원고는 현재 제조업에 종사하면서 직접 영업활동을 하고 있어 업무상 운전의 필요성이 현저한 점, 원고가 최근 5년 내에는 이 사건 외에 별다른 교통법규위반의 전력이 없고 교통사고를 일으킨 적도 없는 점, 적발 당시의 음주수치가 도로교통법시행규칙이 정하는 운전면허취소기준(0.1%)을 매우 근소하게 초과한 점을 참작하면, 음주운전으로 인한 교통사고를 방지할 공익상의 필요를 감안하더라도 이 사건 처분은 그 위반행위에 비하여 행정처분의 당사자에게 지나치게 가혹하여 재량권의 범위를 벗어난 것으로서 위법한 처분이라고 할 것이다. (부산지방법원 2005. 2. 16. 선고 2004구단3049 판결)

[재량권을 일탈하지 않은 면허취소] ① 원고가 비록 교회 장로로서 10년 이상 별다른 교통사고없이 자동차를 운전하여 왔더라도, 음주상태에서 같은 교회의 교인들을 집에 까지 태워다 주기 위하여 먼거리를 거리낌없이 운전하다가 단속경찰관에게 차선위반으로 적발되어, 음주측정을 받은 결과 혈액 1밀리리터당 알콜 1.2밀리그램의 술에 취한상태로 나타난 것이라면, 교통사고 발생의 큰 원인이 되는 음주운전을 방지하여 도로교통의 안전 및 사회안녕질서를 확립하고자 하는 공공의 이익을 비교하여 볼 때, 원고에 대한 이 사건 자동차운전면허취소처분은 적정한 것이다. (대법원 1990. 11. 9. 선고 90누4495 판결)

② 운전면허취소처분으로 인하여 처분 상대방이 입게 될 불이익 등을 참작하더라도 혈중알콜농도 0.17%의 주취상태에서 승용차를 운전하였다면 그 위반행위의 태양과 정도 등에 비추어 볼 때 그 위반행위는 결코 가볍다고 볼 것이 못되므로, 행정청이 한 자동차운전면허취소처분이 적정하다고 본 원심의 판단은 옳고, 관계법령의 적용을 그르치거나 재량권 일탈에 관한 법리를 오해한 위법이 있다고 볼 수 없다. (대법원 1994. 11. 4. 선고 94누9863 판결).

③ 누이의 시어머니 문상을 갔다가 소주를 마시고 혈중알콜농도 0.22%의 주취상태에서 처 소유의 승용차를 운전하여 귀가하다가 음주사실을 확인한 경찰관의 지시에 불응하고 음주측정을 피하기 위해 도주하다가 붙잡힌 운전자에 대한 자동차운전면허취소처분이 재량권의 한계를 일탈한 것이 아니다. (대법원 1994. 11. 25. 선고 94누9672 판결)

④ 영업종료 후 귀가 중 혈중알코올농도 0.19% 상태에서 음주운전을 하다가 신호대기 중인 승용차를 추돌하여 물적 피해를 입힌 개인택시운전사에 대하여 한 행정청의 운전면허취소처분은 재량권의 범위를 일탈한 위법이 없다. (대법원 1996. 2. 27. 선고 95누16523 판결)[37)]

⑤ 영업종료 후 혈중알코올농도 0.105% 상태로 운전하여 귀가하던 중 신호 대기로 정차중인 택시의 뒷부분을 추돌하고, 이어서 그 앞에 있던 자가용 승용차를 추돌함으로써 피해 택시운전수에게 전치 3주, 그 승객에게 전치 2주, 자가 용승

37) 대법원 1995. 9. 15. 선고 95누8362 판결.

용차의 운전자에게 전치 2주를 요하는 각 상해를 입게 하고 피해 택시와 자가용승용차를 각 손괴하는 사고를 일으킨 개인택시 운전사에 대하여 행정청이 한 운전면허취소처분은 정당하다. (대법원 1996. 7. 26. 선고 96누5988 판결)[38]

⑥ 대학교수가 혈중 알코올농도 0.11%의 주취상태에서 승용차를 운전한 경우 교통사고를 야기하지 않았더라도 면허취소사유에 해당한다. (대법원 1996. 10. 11. 선고 96누10812 판결)

⑦ 개인택시 운송사업자가 혈중알콜농도 0.22%의 상태에서 그 소유의 개인택시를 운전하다가 단속경찰관에 적발되어 같은 날 자동차운전면허가 취소된 후 새로이 자동차운전면허를 취득한 다음 위 개인택시를 직접 운전하면서 운송사업을 계속하여 왔는데, 지방자치단체장이 그 후 위 자동차운전면허 취소를 이유로 당해 운송사업면허를 취소하는 행정처분을 한 경우, 교통질서의 확립과 사고예방을 위하여 음주운전을 하지 아니하여야 할 운전자로서의 기본적 의무 및 대중교통의 원활을 기하여야 할 개인택시 운송사업자로서의 사명을 저버리고 음주운전을 함으로써 자동차운전면허를 취소당한 사정을 고려하여 볼 때, 비록 당해 운송사업면허취소처분 당시에는 이미 위 개인택시 운송사업자가 새로이 자동차운전면허를 취득하여 개인택시를 직접 운전하고 있었다고 하더라도, 이러한 개인택시 운송사업면허자의 면허를 박탈함으로써 개인택시 운송사업의 질서를 확립하여야 할 공익상의 필요가

38) 같은 취지: 대법원 1991. 5. 14. 선고 91누1134 판결; 대법원 1995. 9. 29. 선고 95누5882 판결.

위 개인택시 운송사업자가 입게 될 불이익에 비하여 결코 가볍다고 보이지 아니하므로 당해 운송사업면허취소처분이 재량권의 범위를 일탈한 것으로는 볼 수 없다. (대법원 1997. 11. 14. 선고 97누11461 판결)

⑧ 서울 근교에서 채소재배업에 종사하면서 주취운전으로 인하여 운전면허가 취소된 전력이 있는 자가 혈중알콜농도 0.109%의 주취상태에서 승용차를 운전한 경우, 자동차운전면허취소처분으로 교통사고를 야기하지 않은 음주운전자가 입게 되는 불이익보다는 공익목적의 실현이라는 필요가 더욱 크다고 보아 면허취소사유에 해당한다. (대법원 1997. 11. 14. 선고 97누13214 판결)

⑨ 운전면허정지처분기간 중의 운전행위를 방지할 공익상의 필요에 비추어 보면 자기 소유의 승용차를 운전한 약품영업사원이 운전면허를 정지당하게 된 경위, 위 운전의 동기, 당해 처분으로 위 영업사원이 입게 될 경제적 불이익 등을 감안하더라도 지방경찰청장의 위 영업사원에 대한 당해 운전면허취소처분으로 달성하고자 하는 공익목적이 위 영업사원이 이로 인하여 입게 될 불이익보다 결코 가볍다고 볼 수 없어(기록에 의하면 원고는 1992. 12. 3. 혈중 알코올농도 0.11%의 주취상태로 운전하다가 적발되어 같은 달 9. 운전면허취소처분을 받은 전력도 있다) 당해 처분이 재량권의 범위를 일탈·남용한 것이 아니다. (대법원 1997. 12. 26. 선고 97누17216 판결)

⑩ 혈중알콜농도 0.056%의 주취상태에서 운전하다가 적발되어 1년간의 누산점수가 135점이 된 화물트럭운전사의 법규

위반행위가 단기간에 걸쳐 반복된 점 등에 비추어 당해 자동차운전면허취소처분은 재량권의 일탈·남용이 없다. (대법원 1998. 3. 27. 선고 97누20236 판결)

(3) 다른 면허와의 관계

음주운전을 한 당해면허에 대하여서만 행정처분을 내릴 수 있어서 승용자동차를 음주운전하였다면 그 사유로는 원칙적으로 특수면허 등의 취소나 정지의 처분을 내릴 수는 없다. 이를 유형별로 살펴보면 다음과 같다.

1) 다른 면허는 취소되지 않는 경우

① 이륜자동차를 음주운전한 사유만으로 제1종 대형면허나 보통면허의 취소나 정지를 할 수 없다.

[이륜자동차운전] 한 사람이 여러 종류의 자동차운전면허를 취득하는 경우 뿐 아니라 이를 취소 또는 정지함에 있어서도 서로 별개의 것으로 취급하는 것이 원칙이라 할 것이고 그 취소나 정지의 사유가 특정의 면허에 관한 것이 아니고 다른 면허와 공통된 것이거나 운전면허를 받은 사람에 관한 경우에는 여러 운전면허 전부를 취소 또는 정지할 수도 있다고 보는 것이 상당할 것이지만, 이륜자동차로서 제2종 소형면허를 가진 사람만이 운전할 수 있는 오토바이는 제1종 대형면허나 보통면허를 가지고서도 이를 운전할 수 없는 것이어서 이와 같은 이륜자동차의 운전은 제1종 대형면허나 보통면허와는 아무런 관련이 없는 것이므로 이륜자동차를 음주운

전한 사유만 가지고서는 제1종 대형면허나 보통면허의 취소나 정지를 할 수 없다. (대법원 1992. 9. 22. 선고 91누8289 판결)

② 제1종 특수 · 대형 · 보통면허를 가진 자가 제1종 특수면허만으로 운전할 수 있는 차량을 운전하다 운전면허취소사유가 발생한 경우, 제1종대형 · 보통면허도 취소할 수 없다.

[특수면허차량운전] 1995. 7. 1. 도로교통법시행규칙 제26조 [별표 14]가 개정되어 제1종 특수면허로 트레일러, 레커 외에 제2종 보통면허로 운전할 수 있는 차량을 운전할 수 있게 되었다고 하더라도 트레일러는 제1종 특수면허로는 운전이 가능하나 제1종 보통면허나 대형면허로는 여전히 운전할 수 없는 것이이서 제1종 특수·대형·보통면허를 가진 자가 트레일러를 운전한 것은 자신이 가지고 있는 면허 중 특수면허만으써 운전한 것이 되고, 제1종 보통면허나 대형면허는 트레일러 운전과는 아무런 관련이 없는 것이므로, 제1종 특수·대형·보통면허를 가진 자가 트레일러를 운전하다가 운전면허취소사유가 발생한 경우에는 그 운전자가 가지고 있는 면허 중 특수면허에 대한 취소사유가 될 수 있을 뿐 제1종 보통면허나 대형면허에 대한 취소사유는 되지 아니한다. (대법원 1997. 5. 16. 선고 97누1310 판결)

③ 제1종 보통이나 대형면허로 운전이 가능한 승용자동차를 음주운전한 사유만으로는 특수면허의 취소나 정지를 할 수 없다.

[승용차운전] 승용차는 제1종 보통, 대형면허로는 운전이 가능하나 특수면허로는 운전할 수 없는 것이고 따라서 승용자동차의 운전과 특수면허와는 아무런 관련이 없으므로 승용자동차를 음주운전한 사유만 가지고서는 특수면허의 취소나 정지를 할 수 없다. (대법원 1993. 5. 11. 선고 93누4229 판결)

2) 다른 면허까지 취소되는 경우

① 제1종 보통면허로 운전할 수 있는 차량을 운전한 경우에 이와 관련된 원동기장치자전거면허까지 취소할 수 있다.

[보통면허차량운전] 한 사람이 여러 종류의 자동차운전면허를 취득하는 경우 뿐 아니라 이를 취소 또는 정지함에 있어서도 서로 별개의 것으로 취급하는 것이 원칙이기는 하지만, 자동차운전면허는 그 성질이 대인적 면허일 뿐만 아니라 도로교통법시행규칙 제26조 [별표 14]에 의하면, 제1종 보통면허 소지자는 승용자동차만이 아니라 원동기장치자전거까지 운전할 수 있도록 규정하고 있어 제1종 보통면허의 취소에는 원동기장치자전거의 운전까지 금지하는 취지가 포함된 것이어서 이들 차량의 운전면허는 서로 관련된 것이라고 할 것이므로, 제1종 보통면허로 운전할 수 있는 차량을 운전면허정지기간 중에 운전한 경우에는 이와 관련된 원동기장치자전거면허까지 취소할 수 있다. (대법원 1997. 5. 16. 선고 97누2313 판결)[39]

39) 대법원 1996. 11. 8. 선고 96누9959 판결.

② 제1종 보통 및 대형 운전면허의 소지자가 제1종 보통 운전면허로 운전할 수 있는 차를 음주운전하여 그 면허취소가 된 경우 제1종 대형면허도 취소할 수 있다.

[보통면허차량운전] 제1종 보통 운전면허와 제1종 대형 운전면허의 소지자가 제1종 보통 운전면허로 운전할 수 있는 승합차를 음주운전하다가 적발되어 두 종류의 운전면허를 모두 취소 당한 사안에서, 그 취소처분으로 생업에 막대한 지장을 초래하게 되어 가족의 생계조차도 어려워질 수 있다는 당사자의 불이익보다는 교통법규의 준수 또는 주취운전으로 인한 사고의 예방이라는 공익목적 실현의 필요성이 더욱 크 고, 당해 처분 중 제1종 대형 운전면허의 취소가 재량권을 일탈한 것으로 본다면 상대방은 그 운전면허로 다시 승용 및 승합자동차를 운전할 수 있게 되어 주취운전에도 불구하고 아무런 불이익을 받지 않게 되어 현저히 형평을 잃은 결과가 초래된다는 이유로, 이와 달리 제1종 대형 운전면허 부분에 대한 운전면허 취소처분이 재량권의 한계를 넘는 위법한 처분이 아니다. (대법원 1997. 3. 11. 선고 96누15176 판결)[40]

③ 한 사람이 여러 종류의 자동차운전면허를 소지한 경우, 음주운전으로 제1종 대형면허를 취소할 때에 제1종 보통면허까지 취소할 수 있다.

---

40) 같은 취지: 대법원 1994. 11. 25. 선고 94누9672 판결.

[대형면허차량운전] 한 사람이 여러 종류의 자동차운전면허를 취득하는 경우뿐 아니라 이를 취소 또는 정지하는 경우에 있어서도 서로 별개의 것으로 취급하는 것이 원칙이고, 제1종 대형면허를 가진 사람만이 운전할 수 있는 대형승합자동차는 제1종 보통면허를 가지고 운전할 수 없는 것이기는 하지만, 자동차운전면허는 그 성질이 대인적 면허일 뿐만 아니라 도로교통법시행규칙 제26조 [별표 14]에 의하면, 제1종 대형면허 소지자는 제1종 보통면허 소지자가 운전할 수 있는 차량을 모두 운전할 수 있는 것으로 규정하고 있어, 제1종 대형면허의 취소에는 당연히 제1종 보통면허 소지자가 운전할 수 있는 차량의 운전까지 금지하는 취지가 포함된 것이어서 이들 차량의 운전면허는 서로 관련된 것이라고 할 것이므로, 제1종 대형면허로 운전할 수 있는 차량을 음주운전하거나 그 제재를 위한 음주측정의 요구를 거부한 경우에는 그와 관련된 제1종 보통면허까지 취소할 수 있다. (대법원 1997. 2. 28. 선고 96누17578 판결)

④ 택시를 음주운전한 경우 제1종 보통면허는 물론 제1종 특수면허도 취소된다.

[택시운전] 도로교통법시행규칙(1995. 7. 1. 내무부령 제651호) 제26조 [별표 14]에 제1종 특수면허로 운전할 수 있는 차량의 한 종류로 규정된 '제2종 보통면허로 운전할 수 있는 차량'이라 함은 같은 별표에 제2종 보통면허로 운전할 수 있는 차량으로 규정된 '승용자동차, 승차정원 9인 이하 승합자

동차, 적재중량 4톤 이 하 화물자동차, 원동기장치자전거' 등을 의미하는 것일 뿐 비사업용자동차를 의미하는 것은 아니라 할 것이고, 특수면허가 제1종 운전면허의 하나인 이상 특수면허 소지자는 승용자동차로서 자동차운수사업법, 같은 법 시행령, 사업용자동차구조등의기준에관한규칙 등에 규정된 사업용자동차인 택시를 운전할 수 있다. 따라서 택시의 운전은 제1종 보통면허 및 특수면허 모두로 운전한 것이 되므로 택시의 음주운전을 이유로 위 두 가지 운전면허 모두를 취소할 수 있다. (대법원 1996. 6. 28. 선고 96누4992 판결)

제2절 음주운전과 원인에 있어서 자유로운 행위

Ⅰ. 의 의

원인에 있어서 자유로운 행위(actio libera in causa)란 행위자가 고의 또는 과실로 스스로를 심신상실 또는 심신미약에 빠지게 하고 그 상태를 이용하여 정상적인 정신상태에서 가진 범죄에 대한 고의 또는 과실에 부합하는 범죄를 실현하는 것을 말한다.

그런데 음주만취하여 사물의 시비선악을 변별할 능력 또는 그 변별에 따라 의사를 결정할 능력이 없으면 그 자에게 형사책임을 물을 수 없는 것은 책임주의의 당연한 귀결이며 형법 제10조 제1항, 제2항도 이를 명백히 하고 있다. 따라서 이러한 책임원칙, 즉 '행위와 책임의 동시존재의 원칙'에 입각하면 만취로 인한 정신장애상태에서의 범죄행위에 대하여는 책임을 물을 수 없게 된다.

그러나 원인에 있어서 자유로운 행위는 가해자가 정상적인 정신상태에서 고의 또는 과실에 의하여 자의로 정신장애의 상태를 야기하고 그것을 이용하여 범죄를 실행하는 것이므로, 그것은 원인행위와 아울러 고찰할 때 행위자의 반규범적 인격을 주체적으로 실현한 것으로 볼 수 있다. 이와 같은 점에서 원인에 있어서 자유로운 행위에는 비난가능성이 있으며, 그것은 가벌성의 실질적 근거가 되는 것이다.

이러한 점을 고려하여 형법 제10조 제3항은 "위험의 발생을 예견하고 자의로 심신장애를 야기한 자의 행위에는 전 2항의 규정을 적용하지 아니한다."고 규정함으로써 원인에 있어서 자유로운 행위에 대하여 '완전한 책임능력자의 행위'로서의 형사책임을 부과하도록 규정함으로써 이론적으로 논쟁의 여지가 많은 원인에 있어서 자유로운 행위의 가벌성의 근거를 법적으로 해결하고 있다. 따라서 원인에 있어서 자유로운 행위로 인정되면 행위시에 비록 만취하여 심신미약 또는 심신상실의 상태에 있다고 하더라도 책임감면 없이 그 범죄에 정하여진 형사책임을 완전히 지게 된다.

위에서도 살펴본 바와 마찬가지로 도로교통법에도 형법총론 규정은 적용되므로 자의로 심신장애의 상태를 초래하고 그 상태에서 음주운전을 하지 않는 한, 음주운전죄에도 형법 제10조 제1, 2항이 적용되어 책임이 감경 또는 조각된다고 보아야 한다. 즉 형법 제10조 제3항의 원인에 있어서 자유로운 행위의 구성요건에 해당하지 않는 한 음주운전자라고도 하더라도 책임은 감면될 수 있다. 따라서 예를 들어 퇴근하여 자동차를 전혀 운전할 의사 없이 집에서 음주하였으나 주취한 상태에서 다른 차의 소통을 위하여 운전하여야 할 상황이 발생하여 운전한 경우에는 처음부터 운전할 것을 예정하고 술을 마신 것이 아니기 때문에 원인에 있어서 자유로운 행위에 해당한다고 볼 수 없다.

그런데 우리 나라의 수사실무는 물론 법원도 음주운전이나 이와 연결된 치사상 등의 죄의 성립에 있어서 실제 당해 사건이 형법 제10조 제3항에 해당하는 것인가에 대한 심각한 고민 없이 당연히 음주운전은 곧 원인에 있어서 자유로운 행위에 기한 것이라는 판단을 하고 있는 것으로 보인다. 이러한 문제점을 판단하기 위하여 먼저 가벌성의 근거를 간략히 분석한 다음 유형별 성립요건을 검토하기로 한다.

Ⅱ. 가벌성의 근거

1. 원인설정행위에 가벌성을 인정하는 견해

이는 '행위와 책임의 동시존재의 원칙'에 충실하면서 원인에 있어서 자유로운 행위의 가벌성을 인정하기 위해서는 아직 책임능력이 온전한 자유로운 상태에서의 원인행위, 즉 음주행위 자체에서 가벌성을 찾을 수밖에 없다는 견해이다[41].

이 견해는 원인에 있어서 자유로운 행위에 간접정범의 법적 구조를 원용한다. 즉, 간접정범은 책임능력이 없는 타인을 도구로 이용하는 경우이고, 원인에 있어서 자유로운 행위는 정신장애에 빠진 자기자신을 도구로 이용하는 것이기 때문에 이점에 있어서 양자는 그 법적 구조가 같다는 것이다. 따라서 원인설정행위시에 책임능력이 있고 그 결과를 예견하였거나 할 수 있었던 경우에 그 결과를 야기

41) 김일수·서보학, 형법총론(제9판), 박영사, 2002, 416면.

한 데에 대한 책임비난이 가능하다는 것이다[42].

2. 범죄실행행위에 책임의 근거를 인정하는 견해

이 견해는 '행위와 책임의 동시존재의 원칙'은 어떤 경우에나 반드시 엄격하게 지켜져야 하는 원칙이 아니라 예외가 인정될 수 있는 것이며 이 보다는 '행위의 구성요건적 정형성'이 더 중요하기 때문에 심신장애 상태에서의 범죄실행행위에서 가벌성을 찾아야 한다는 견해이다.

특히 현대심리학상 의식과 무의식의 관계는 일도양단적인 것이 아니고 일종의 반무의식상태(penumbra situation)도 존재한다는 것을 전제로 원인행위는 예비단계에 불과하기 때문에 무의식상태에서 행한 실행행위로부터 가벌성을 찾아야 한다고 주장되기도 한다[43].

3. 원인설정행위와 범죄실행행위의 불가분적 관련에서 책임의 근거를 찾는 견해

이 견해는 원인설정행위 자체가 범죄실행행위는 아니지만 원인행위시에 의도한 범죄실행의 의사가 실행행위에 연결되어 있으며 원인행위와 실행행위는 동일한 의사를 실현한다는 의미에서 불가분의 연관을 갖고 있으므로 원인행위에서 실행행위로 연결되는 일련의

---

42) 김성천 · 김형준, 앞의 책, 401면 이하 참조.

43) 유기천, 형법학(총론강의), 일조각 1983, 138면. 이 견해를 사실상 '원인행위와 범죄실행행위의 불가분적 관련에서 책임의 근거를 찾는 견해'로 보아야 한다는 입장도 있다(윤용규, 과실의 '원인이 자유로운 행위', 형사법연구 제11호, 1999, 47면 각주 24 참조).

행위과정 전체에 대하여 책임비난이 가능하다는 입장이다. 따라서 그 전체로서의 구성요건 실현행위에 가벌성을 인정할 수 있다고 한다[44].

4. 결 어

원인설정행위에서 가벌성의 근거를 구하는 견해는 범죄실행행위가 이루어지지 않은 음주행위 단계에 책임을 묻게 되어 타당하다고 할 수 없고, 그렇다고 하여 원인설정행위와 분리된 책임능력 결함상태에서의 범죄실행행위에서의 책임의 근거를 찾는 것도 원인에 있어서 자유로운 행위의 본질에 비추어 적절하지 못하다.

책임의 본질로서의 비난가능성의 핵심은 반규범적 의사결정을 했다는 점에 있으므로 책임능력의 판단은 반규범적 결의를 하는 시점을 기준으로 결정하여야 한다. 그러므로 범죄결의가 책임능력 상태에서 이루어졌다면 비록 범죄실행행위가 심신장애 상태에서 행하여졌다고 하더라도 그 범죄실행행위는 궁극적으로 행위자의 자유의사로부터 나온 것이다. 여기에 바로 원인에 있어서 자유로운 행위의 가벌성이 존재한다.

따라서 행위자의 원인설정행위와 범죄실행행위는 동일한 결의에 의하여 형성된, 동일한 의사지배의 영역에 묶여 있는 불가분의 행위

---

44) 박상기, 형법총론(제6판), 박영사, 2004, 230면; 배종대, 형법총론(제7판), 홍문사, 2004, 377면; 손동권, 형법총칙론, 율곡출판사, 2001, 239면; 신치재, 원인에 있어서 자유로운 행위, 월간고시, 1992. 9, 71면; 윤용규, 앞의 논문, 48면; 이기헌, 원인이 자유로운 행위, 고시계, 1993. 10, 38면; 이재상, 형법총론, 박영사, 2003, 314면; 임 웅, 앞의 책, 263면; 정성근·박광민, 형법총론, 삼지원, 2001, 323면.

로 파악하여야 할 것이다. 따라서 원인행위와 실행행위의 불가분의 관련에서 그 가벌성의 근거를 찾는 것이 가장 타당하다고 본다.

Ⅲ. 유형별 성립요건

1. 고의에 의한 원인에 있어서 자유로운 행위

책임능력 결함상태에서 범죄를 저지를 것을 결의하고 고의로 심신장애 상태를 유발하여 그 상태에서 의도했던 범죄행위를 실행하는 경우가 여기에 해당한다. 완전한 책임능력이 존재하는 원인설정행위시에 심신장애 상태에서 저지를 범죄에 대한 고의가 있고 그 고의가 그대로 범죄행위에 실현되었으므로 비록 심신장애 상태에서 저지른 범죄라고 하더라도 고의범으로 책임비난이 가능한 것이다.

이러한 의미에서 고의의 원인에 있어서 자유로운 행위가 성립하기 위하여는 심신장애상태의 야기에 대한 고의와 그 상태에서 실현될 구성요건적 행위에 대한 고의 모두, 즉 二重故意가 필요하다[45]. 따라서 원인설정행위의 고의나 범죄실행행위의 고의 가운데 하나라도 결여된 경우에는 고의범이 성립되지 않는다[46].

---

45) 같은 취지: 김일수·서보학, 앞의 책, 414면; 배종대, 앞의 책, 379면; 손동권, 앞의 책, 239면; 이재상, 형법총론, 314면; 이형국, 앞의 책, 226면. 이에 반하여 원인행위시의 고의과 실행행위의 고의는 두 개의 관련점을 갖는 하나의 고의라고 보는 견해(정성근·박광민, 앞의 책, 324면; 윤용규, 앞의 논문, 49면 각주 29) 및 심신장애상태에서 범행을 하겠다는 의사, 심신장애상태의 야기의사, 심심장애상태행위시의 구성요건적 고의라는 3중적 관련이 필요하다는 견해(임웅, 형법총론, 법문사, 2002, 287-288면)도 있다.

46) 고의에 의한 원인에 있어서 자유로운 행위의 성립은 심신장애 상태에

또한 책임능력 결함상태의 초래와 이 상태에서의 행위 사이에 비난가능한 意思聯關이 있어야 하므로, 이중고의가 있다고 하더라도 범죄실행행위의 고의는 원인설정행위시에 존재하여야 한다. 왜냐하면 원인에 있어서 자유로운 행위의 가벌성은 원인설정행위와 범죄실행행위의 불가분적 관련에서 찾을 수 있기 때문이다. 따라서 예를 들어, 술에 취한 상태에서 어떠한 범죄를 저지르겠다는 고의가 전혀 없이 즐거운 기분에서 동료들과 술을 마셔 취한 상태에서 우연히 다툼이 생겨 우발적인 상해를 가한 경우, 명정상태는 고의로 유발하였지만 상해의 고의가 음주를 개시할 때 존재하지 않았으므로 원인에 있어서 자유로운 행위 자체가 성립되지 않고, 이 경우에는 상해 당시 행위자의 책임능력의 정도에 따라 책임이 감면된다.

그리고 원인행위시에 갖고 있던 범죄실행행위의 고의와 실제 발생된 범죄는 같은 것이어야 한다. 예를 들어, 명성상태에서 누군가를 폭행하겠다는 결의를 미리 갖고 음주하여 강도를 범한 경우는 물론, 행위자가 취하면 폭력을 휘두르는 자신의 습성을 이용해서 평소에 증오하고 있던 자를 폭행하려고 그와 함께 술을 마신 뒤 심신장애의 상태에 이르렀으나 갑자기 그 자를 죽이고 싶은 생각이 들어 살해한 것과 같은 경우에는 살인 부분에 대한 고의는 인정할 수 없다. 그러나 이들 고의가 반드시 확정적일 필요는 없고 미필적인 형태의 것이어도 좋다.

서 실현할 구성요건 행위에 대한 고의가 있으면 되고 원인설정행위에 대한 고의는 필요로 하지 않는다는 견해가 있다(박상기, 앞의 책, 235-236면). 그러나 명정상태를 이용하여 범죄를 저지르겠다는 고의를 이미 가지고 있었으나 그 명정상태는 정작 과실로(독주를 부주의하여 음료수로 오인하고 마신 경우) 초래한 경우에도 고의범의 성립을 인정하는 것은 과도한 책임비난이라고 하지 않을 수 없다.

2. 과실에 의한 원인에 있어서 자유로운 행위

과실에 의한 원인에 있어서 자유로운 행위로는 ㉠ 심신장애를 고의로 야기하였으나 과실로 범죄실행을 한 경우(고의-과실 유형), ㉡ 심신장애가 과실로 발생되었으나 고의로 범죄실행을 한 경우(과실-고의 유형), ㉢ 과실로 심신장애를 유발하고 과실로 범죄실행을 한 경우(과실-과실 유형)를 생각해 볼 수 있다.

과실의 원인에 있어서 자유로운 행위의 성립여부[47]에 대하여는 원인에 있어서 자유로운 행위 과실범 자체를 부정하는 견해도 있고[48], ㉠만을 인정하는 견해[49], ㉢만을 인정하는 견해[50], ㉠과 ㉢만을 인정하는 견해[51], ㉠㉡㉢모두를 인정하는 견해[52]가 있다.

원인설정행위시에 이미 심신장애상태에서의 범죄에 대한 고의나 과실이 있었다면 술에 취한 행위가 고의에 의한 것이든, 과실에 의한 것이든 범죄실행행위의 가벌성은 존재한다고 보는 것이 타당하므로 원인에 있어서 자유로운 행위로서 완전책임을 인정해야 한다고 본다. 예를 들어, ㉠ 졸음을 쫓기 위하여 각성제를 복용한 트럭운전기사가 환각상태에서 운전중 행인을 치어 다치게 한 경우, ㉡

47) 형법 제10조 제3항도 과실에 의한 원인에 있어서 자유로운 행위를 포함하고 있는 것으로 해석하는 것이 타당하며, 다수설과 판례(대법원 1992. 7. 28. 선고 92도999 판결; 대법원 1995. 6. 13. 선고 95도826 판결)의 입장이기도 하다.

48) 이정원, 형법총론, 법지사, 1999, 224면 이하; 전지연, 원인에서 자유로운 행위, 한림법학 제3권, 1993, 109면 이하.

49) 배종대, 앞의 책, 379-380면.

50) 윤용규, 앞의 논문, 53면 이하.

51) 김일수·서보학, 앞의 책, 414-415면.

52) 손동권, 앞의 책, 242-243면; 이재상, 형법총론, 317면; 임웅, 앞의 책, 288면.

술에 취하면 잠을 견딜 수 없는 轉轍手가 酩酊을 이용하여 전철을 하지 않음으로써 어떤 특정 열차를 전복시킬 의도를 가지고 있었는데 그 전차가 통과할 시간이 되기 전에 목이 말라 냉장고에서 음료수를 꺼내 마신다고 마셨는데 사실은 독한 술을 부주의하게 급히 마셨고 그 때문에 잠이 들어 전철을 하지 못하게 됨으로써 전차를 전복시킨 경우, ㉢ 술에 만취하면 자동차를 운전하는 버릇이 있는 사람이 딱 한잔만 술을 마신다는 것이 생각 이상으로 매우 독한 술이어서 바로 만취한 상태가 되어 운전을 하다가 행인을 치어 다치게 한 경우에는 원인설정행위시에 심신장애 상태에서 발생될 결과에 대한 예견가능성은 있는 것이고, 그 심신장애 상태의 야기가 고의든 과실이든 자의로 초래한 것임에 분명하다는 점에서 이들 유형에 대하여 모두 원인에 있어서 자유로운 행위를 인정하여 과실범으로서 완전책임을 묻는 것이 타당하다고 할 것이다.

그리고 책임능력 결함상태의 초래와 이 상태에서의 행위 사이에 비난가능한 意思聯關이 있어야 한다는 점은 고의에 의한 원인에 있어서 자유로운 행위에서와 같다. 다만 과실범의 특성상 고의에 의한 원인에 있어서 자유로운 행위처럼 원인행위시에 갖고 있던 범죄실행행위에 대한 고의 또는 과실과 실제 발생된 결과가 완전히 동일한 것일 필요는 없다. 예를 들어, 만취하면 사람을 상해할 지도 모른다는 것은 예견하면서도 스스로 술을 마셔 만취상태에서 흉폭성이 폭발하여 그 자를 죽이고 싶은 생각이 들어 살해한 경우에는 살인 부분에 대한 고의는 인정할 수 없으나 상해와 살인은 보호법익이 사람의 신체·생명으로 유사한 것이어서 상해의 예견이 가능하다면 살인의 예견도 가능할 수 있다고 판단할 여지가 있다. 따라서 이 경우 과실에 의한 원인에 있어서 자유로운 행위로서 과실치사의 완전책임을 행위자에게 지울 수 있을 것이다.

그러나 원인설정행위나 범죄실행행위 모두에 대하여 행위자가 충분한 예방수단을 강구했음에도 불구하고 알지 못했던 사실 때문에 뜻밖의 결과를 초래한 경우, 예를 들어, 냉장고에 든 무색무취의 액체를 틀림없는 물로 생각하여 마셨으나 다량의 마약류가 혼입되어 있어 명정상태에서 범죄를 저지른 것과 같은 때에는 과실에 인한 원인에 있어서 자유로운 행위 조차 성립되지 않는다. 위험발생을 예견하고 자의로 심신장애를 야기한 것이 아니기 때문이다.

Ⅳ. 결 어

음주운전죄에 대하여는 과실범 처벌규정이 없으므로 이에 대하여 원인에 있어서 자유로운 행위로서 완전책임을 물을 수 있기 위하여는 '고의'에 의한 원인에 있어서 자유로운 행위의 성립요건이 갖추어져야 한다. 따라서 원인설정행위의 고의와 음주운전의 고의가 있어야 할 뿐 아니라 음주운전의 고의는 음주시에 존재하여야 한다.

그런데 실무현실은 혈중알콜농도 0.05%이상의 상태에서 운전한 사실을 입증할 수만 있으면 운전자가 음주운전에 나아가게 된 저간의 사정에 대한 면밀한 검토 없이 음주운전죄로 기소하고, 법원도 이에 대하여 고의에 의한 원인에 있어서 자유로운 행위를 인정하여 유죄판결에 주저하지 않고 있다.

예를 들어, 대법원 1995. 6. 13. 선고 95도826 판결은 "피고인은 자신의 차를 운전하여 술집에 가서 술을 마신 후 운전을 하다가 이 사건 교통사고를 일으킬 수 있다는 위험성을 예견하고도 자의로 심신장애를 야기한 경우에 해당하여 심신미약으로 인한 형의 감경을 할 수 없다."고 판시함으로써 피고인이 자신의 차를 운전하여 술집에 가서 술을 마신 후 운전하였다는 사실만으로 음주운전의 고의가 원인행위시에 있었다고 단정하고 있다.

그러나 피고인이 술집까지 자신의 차를 운전하고 갔다고 하여 당연히 음주운전의 고의를 원인설정행위시에 갖고 있었다고 생각하기에는 무리가 있다. 예를 들어, 비록 술집까지 자신의 차를 운전하고 갔더라도 자신이 지금까지 음주운전을 한 적이 전혀 없을 뿐 아니라 그 날도 평소처럼 술집 주차장에 차를 두고 갈 생각이었으나 만취하여 이런 저런 사정으로 운전한 것이라면 설혹 '과실'에 의한 원인에 있어서 자유로운 행위가 성립될 여지가 있을지언정 고의에 의한 원인에 있어서 자유로운 행위가 성립되기는 어려우므로 과실범 처벌규정이 없는 음주운전죄로는 처벌할 수 없다고 해야 할 것이다. 그럼에도 불구하고 이 사건 대법원 판결은 물론 하급심 판결[53]이 이에 대한 면밀한 검토 없이 자신의 차를 술집에 가지고 가서 음주 후 운전하였다는 사실만으로 형법 제10조 제3항을 적용하여 음주운전죄로 처벌한 것은 원인에 있어서 자유로운 행위의 법리를 오인한 것으로 타당하지 않다고 본다.

그런데 대법원 1994. 2. 8. 선고 93도2400 판결의 경우 제2심 법원은 '피고인이 자신 소유의 승용차로 술집, 식당 등을 수시로 이동하면서 사고일시경까지 그 사이 사이에 위 승용차를 대기시켜 둔 채 음주를 한 사실을 인정'하고 있는데 이런 사정이 인정된다면 음주시점에 이미 음주운전을 할 고의를 인정할 여지가 다분히 있다[54].

---

53) 춘천지법 강릉지원 1994. 11. 11. 선고 94고합104 판결(제1심); 서울고등법원 1995. 3. 14. 선고 94노3715 판결(제2심).

54) 같은 취지: 대법원 1992. 7. 28. 선고 92도999 판결.

그렇다면 음주행위도 고의에 의한 것이 분명하고 음주운전에 대하여도 음주시에 이미 고의가 있었다고 할 수 있는 만큼 음주운전에 대하여는 고의에 의한 원인에 있어서 자유로운 행위가 인정된다는 판례의 입장은 타당하다고 할 것이다.

제3절 음주운전사고후 도주와 원인에 있어서 자유로운 행위

Ⅰ. 문제의 소재

음주운전을 형벌을 통하여 금지하고 있는 것은 음주상태에서의 운전이 교통사고로 이어질 위험이 크기 때문이다. 뿐만 아니라, 음주상태에서 교통사고를 유발하였을 때에는 음주운전을 하고 있다는 사실이 발각될 것을 염려하여 도주운전으로 이어질 위험도 상당하다.

그러나 그렇다고 하여 음주운전을 한다는 사실을 인식하고 있다는 것이 곧 교통사고의 발생을 인식하고 있다거나, 사고후 도주(뺑소니)까지도 인식하고 있다는 것으로까지 확장할 수는 없다. 그렇다면 음주운전에 이은 교통사고나 도주가 당연히 원인에 있어서 자유로운 행위가 된다고 할 수도 없다. 여기서는 이러한 문제를 대표적으로 노정시키고 있는 '대법원 1994. 2. 8. 선고 93도2400 판결'을 대상으로 음주운전교통사고와 도주 및 이들과 원인에 있어서 자유로운 행위와의 관계를 검토해 보기로 한다.

Ⅱ. 사건개요 및 대상판결의 쟁점

1. 사건개요

피고인은 1992년 9월 25일 23시 10분경 혈중알콜 농도 0.11% 주취상태로 차량을 운전하여 황색 실선의 중앙선이 설치된 편도 1차선의 내리막 도로를 시속 약 50Km로 진행함에 있어서 서행하지 아니하고 핸들조작에 유의하지 아니한 과실로 중앙선을 침범하여 때마침 반대 차선상에서 마주 진행하여 오던 오 아무개 운전의 승합차량의 앞부분을 피고인 운전차량 앞부분으로 충돌, 그 충격으로 위 승합차량의 승객인 피해자 최 아무개(여, 37세)로 하여금 요치 약 3주간의 흉부좌상 등을, 같은 손 아무개(여, 33세)로 하여금 요치 약 10일간의 슬관절부좌상 등을, 각각 입게 하고서도 즉시 정차하여 피해자를 구호하는 등 필요한 조치를 취하지 아니한 채 그대로 도주한 것이다.

2. 소송경과

(1) 제1심 법원의 판결[55)]

제1심 법원은 피고인이 범행 당시 음주만취하여 심신미약 또는 심신상실의 상태에 있었다는 주장에 대하여 당시 피고인의 혈중알콜농도가 통상인의 심신미약의 정도에 미치지 못하는 수준인 0.11%에 불과하고, 도주범행의 경위와 전개과정, 피고인의 상황에 대한 인식의 정도 등에 비추어 피고인이 음주로 인하여 사물을 변

55) 대전지방법원 서산지원 1993. 2. 23. 선고 92고합103 판결.

별하거나 의사를 결정할 능력이 없었다거나 그러한 능력이 미약한 상태에 있었다고 인정되지 않는다고 판단하고, 피고인에 대하여 특정범죄가중처벌등에관한법률 제5조의 3 제1항 제2호, 형법 제268조(치상후 도주)와 도로교통법 제107조의 2 제1호, 제41조 제1항(음주운전)의 유죄를 인정하여 징역 1년, 집행유예 2년을 선고하였다.

이 판결에 대하여 피고인은 다음과 같은 이유로 항소하였다.

제1점, ① 피고인이 교통사고를 내고 사고현장을 이탈한 사실이나 피고인의 음주만취로 인하여 심신장애의 상태에서 사고사실을 인식하지 못한 채 차량을 그대로 운행(사고당시 피고인은 시속 20km정도로 진행하였다)한 것으로서 피고인에게는 사람을 치상케 한 후 도주한다는 점에 관한 고의는 없었는데 피고인을 유죄로 인정하였고, ② 형법 제10조 제1항은 심신장애로 인하여 사물을 변별할 능력이 없거나 의사를 결정할 능력이 없거나 결정할 능력이 없는 자의 행위는 벌하지 아니하는 것이고, 동조 제2항은 그러한 능력이 미약한 자의 행위는 형을 감경하는 것으로 규정하였으나 이를 적용하지 않았다.

제2점, 피고인의 선고형이 너무 무거워서 부당하는 것이었다.

(2) 제2심 법원의 판결[56)]

항소심 법원은 항소이유 제1점에 대하여, 피고인이 범행 당시 술에 취하여 사물을 변별하고 의사를 결정할 능력이 미약한 상태에 있었다는 점은 인정한 다음, 음주운전의 경우 술에 취한 정도가 높을수록 사고발생의 위험이 증대된다는 것은 우리의 경험칙에 비추

56) 대전고등법원 1993. 7. 30. 선고 93노137 판결.

어 명백한 사실이고, 따라서 처벌의 필요성도 커지게 되는 것임에도 대취한 결과 심신상실 내지 심신미약상태에 이르러 운전하고 교통사고를 내면 처벌할 수 없거나 형을 감경하게 되는 반면, 그보다 덜 취한 사람의 운전행위 등이 오히려 더 무겁게 처벌되는 불합리한 결과로 되는 점에 비추어 보면, 음주할 때 이미 음주운전할 의사가 있었던 경우에는 음주운전 자체가 내포하는 위험성을 감안할 때 그 음주운전으로 말미암은 심신장애의 상태에서 단순히 운전하는 행위뿐 아니라 그러한 운전에서 경험칙상 당연히 결과할 수 있는 업무상 과실로 교통사고를 내는 행위 및 현행법상 그와 결합범으로 처벌되는 피해자 유기, 도주 등의 일련의 행위에 대하여도 위험의 발생을 예견하고 자의로 심신장애를 야기한 자의 행위로서 형법 제10조 제3항에 따라 심신장애로 인한 감경 등을 할 수 없는 경우에 해당한다.

그런데 피고인은 자신 소유의 승용차로 술집, 식당 등을 수시로 이동하면서 사고일시경까지 그 사이 사이에 위 승용차를 대기시켜 둔 채 음주를 한 사실을 인정할 수 있어 결국 피고인은 음주때 마다 그 운전할 의사가 있었음이 명백하므로 도주차량의 점에 관하여 심신미약으로 인한 형의 감경을 할 수 없다고 판단하였다.

다만 항소이유 제2점에 대하여 원심이 피고인에게 선고한 형은 너무 무거워 부당하고 판단하여, 원심판결을 파기하고 선고유예의 판결을 하였다.

이 판결에 대하여 피고인은 심리미진, 채증법칙위배, 심신장애에 대한 법리오해, 사고후 도주운전의 범의에 대한 법리오해 등의 위법을 이유로 상고하였다.

(3) 대법원의 판결[57)]

대법원은 다음과 같은 이유로 피고인의 상고를 기각하였다.

첫째, 교통사고 당시 피고인은 술에 만취하여 자신이 교통사고를 내어 사람을 다치게 한 사실이나 도주한다는 사실에 대하여 전혀 인식하지 못하였으므로 피고인은 무죄라고 주장하나, 원심은 피고인이 사고 당시 술에 취하여 있었으나 사물을 변별하고 의사를 결정할 능력이 상실된 상태에 있었던 것은 아니라고 인정하였는데 이러한 원심의 판단은 옳다.

둘째, 피고인에 대하여 심신미약 감경을 하지 아니한 것은 위법한 것이라고 주장하나, 형법 제10조 제3항에 의하면 "위험의 발생을 예견하고 자의로 심신장애를 야기한 자의 행위에는 전2항의 규정을 적용하지 아니한다"고 규정하고 있는 바, 원심이 판시한 대로 피고인이 자신의 승용차를 운전하여 술집에 가서 술을 마신 후 운전을 하여 교통사고를 일으킨 것이라면 피고인은 음주할 때 교통사고를 일으킬 수 있다는 위험성을 예견하면서 자의로 심신장애를 야기한 경우에 해당하므로 원심의 판단은 수긍할 수 있다.

3. 대상판결의 쟁점

이 사건 판결은 치상후 도주죄와 음주운전죄에 대하여 원인에 있어서 자유로운 행위가 성립되는 것으로 판단하여 피고인의 완전책임을 인정하였다. 다수의 학설[58)]과 판례[59)]는 원인에 있어서 자유로

---

57) 대법원 1994. 2. 8. 선고 93도2400 판결.

58) 김일수·서보학, 앞의 책, 414면; 박상기, 앞의 책, 230-231면; 배종대, 앞의 책, 379면; 손동권, 앞의 책, 239-241면; 이재상, 형법총론,

운 행위를 주관적 요건의 성립여부에 따라 고의의 원인에 있어서 자유로운 행위와 과실의 원인에 있어서 자유로운 행위[60]로 나누는데, 전자는 고의범의 구성요건이 있는 경우에 그에 따라, 후자는 과실범의 구성요건이 존재하는 경우에 그에 따라 처벌된다[61]. 고의는 물론 과실에 의한 원인에 있어서 자유로운 행위조차 성립되지 못하는 경우 그 자의 행위시 책임능력의 정도에 따라 심신미약의 상태이었는가 심신상실의 상태이었는가에 따라 책임을 감경 또는 면제하여야 하는 것이다.

그런데 이 사건 판결이 인정하고 있는 바와 같이 피고인에게 치상후 도주죄와 음주운전죄의 원인에 있어서 자유로운 행위를 인정하기 위하여는 위의 원인에 있어서 자유로운 행위가 고의에 의한 경우인지 과실에 의한 경우인지, 그렇지 않으면 원인에 있어서 자유로운 행위에 해당되시 않는 유형인지를 먼저 검토하여야 한다.

이 사건 제1심 판결의 경우에는 음주운전죄의 경우 고의에 의한 원인에 있어서 자유로운 행위의 성립여부에 대하여 간단하나마 검토의 여지를 보인 부분이 있으나, 치상후 도주죄의 경우 특별한 검토 없이 단지 음주운전의 고의가 있었다는 것만으로 고의의 원인에

314-316면; 임웅, 앞의 책, 286면; 정성근·박광민, 앞의 책, 2001, 323-325면.

59) 대법원 1992. 7. 28. 선고 92도999 판결; 대법원 1995. 6. 13. 선고 95도826 판결.

60) '과실'에 의한 원인에 있어서 자유로운 행위 자체를 부정하는 견해도 있다(이정원, 앞의 책, 218면; 안원하, 원인에 있어서 자유로운 행위, 법학연구, 부산대, 제38권 제1호, 1997, 176면 이하; 전지연, 앞의 논문, 109면 이하).

61) 김일수·서보학, 앞의 책, 414면; 배종대, 앞의 책, 379면.

있어서 자유로운 행위가 성립되는 것으로 판단하고 있다. 하지만 음주운전의 고의가 있다고 하여 교통사고를 발생시키고 도주하는 것에 대한 고의가 당연히 있다고 인정하는 것은 타당한가에 대하여는 의문이 있다.

아래에서는 원인에 있어서 자유로운 행위의 가벌성 및 유형별 성립요건과 치상후 도주죄 및 음주운전죄의 구성요건에 대한 분석을 통하여 법원의 이 사건 판결의 타당성 여부를 검토하기로 한다.

Ⅲ. 치사상후 도주죄

1. 법적 성질

특정범죄가중처벌등에관한법률 제5조의3 제1항은 "도로교통법 제2조에 규정된 자동차, 원동기장치 자전차 또는 궤도차의 교통으로 인하여 형법 제268조의 죄를 범한 당해 차량의 운전자가 피해자를 구호하는 등 도로교통법 제50조 제1항의 규정에 의한 조치를 취하지 아니하고 도주한 때에는 다음의 구분에 따라 가중처벌한다."고 정하고 그 제1호에 "피해자를 치사하고 도주하거나, 도주후에 피해자가 사망한 때에는 무기 또는 5년 이상의 징역에 처한다."고 규정하고 또한 제2호에 "피해자를 치상한 때에는 1년 이상의 유기징역에 처한다."고 규정하고 있다.

본죄는 형법 제268조에 정한 업무상 과실치사상과 피해자에 대한 구호조치를 취하지 않고 한 도주의 결합범의 형태로 규정되어 있다. 본죄는 업무상 과실치상의 죄를 범하여 그 선행행위로 말미암아 구호조치 의무가 있는 자를 행위주체로 하는 신분범이고, 그 행위는 도주[62]하는 것이다. 본죄의 보호의 정도를 구체적 위험범으로 보는 견해[63]도 있으나 구성요건 어디에도 법익침해의 결과나 그 구체적 위험 발생을 요건으로 하고 있지 않는다는 점에서 추상적 위험범으로 보아야 할 것이다[64]. 따라서 도주로 인하여 피해자의 신체에 구체적 위험이 가하여질 것을 요하지 않으며, 추상적인 도주행위만 있으면 본죄는 기수가 된다.

또한 본죄에서는 무엇보다도 도주의 고의가 있어야만 본죄는 성립된다. 고의의 인식대상은 '자신의 업무상 과실에 의한 치상'과 '그 피해자에게 구호의무를 취하지 않고 행한 도주'에 미친다고 본다. 이 고의는 미필적인 형태로도 족하다[65].

이하에서는 본죄의 주요 구성요건을 검토해 보기로 한다.

2. 차의 교통

교통의 개념에 대하여 도로교통법은 명문의 규정을 갖고 있지 않으며, 이론상 확립된 개념도 없다. 따라서 사전적 의미에 충실할 수밖에 없는데, 그 사전적 의미는 "서로 떨어진 지역간에 있어서 사람의 왕복, 화물의 수송, 기차・자동차 등이 운행하는 일의 총칭"이다[66]. 즉, 교통의 핵심은 '탈 것을 이용한 한 지역에서 다른 지역으

62) 도주의 개념에 대하여 상세한 것은 황상현, 특정범죄가중처벌등에관한법률 제5조의3 제1항 위반죄와 관련된 제문제, 형사판례연구(3), 박영사, 1995, 347면 이하 참조.

63) 송진현, 특정범죄가중처벌등에관한법률 제5조의3 제2항 '피해자를 사고장소로부터 옮겨 유기하고 도주한 때'의 의미, 대법원 판례해설 제16호, 법원행정처, 1992, 711면.

64) 같은 취지: 손기식, 앞의 책, 296면.

65) 대법원 2001. 1. 5. 선고 2000도2563 판결.

66) 국어대사전, 민중서림, 2002, 380면.

로의 이동'이라고 이해할 수 있다.

그런데 교통의 개념을 교통이 행하여지는 영역을 기준으로 판단하는 견해가 있다. 즉, 공공의 영역만[67]이 교통영역인지, 아니면 공공의 영역 이외의 사적인 영역도 포함하는 것인지가 그것이다. 그러나 영역의 문제는 '교통'의 개념에 관한 것이 아니라 '차'의 개념으로 관한 것으로 이해하는 것이 타당하다. 따라서 앞에서 살펴본 바와 같이 도로가 아닌 곳에 존재하는 탈 것은 '차'가 아니므로 '차의 교통'은 '도로에서 운전되는 차가 지역적으로 이동하는 것'으로 이해하여야 할 것이다. 이렇게 되면 도로가 아닌 사적인 영역에서의 발생되는 사고는 '차의 교통'으로 인한 것에 해당하지 않는다.

3. 도로교통법 제50조 제1항의 구호조치

교통사고가 발생하면 운전자 등은 정차하여 부상자를 구호하는 등 필요한 조치를 취하여야 한다. 아래에서는 본죄의 핵심적 요건은 구호의무와 그 밖에 필요한 조치의 내용에 관하여 살펴본다.

(1) 구호 등 의무자

본죄의 주체는 그 차의 운전자이다. 부작위범의 경우 작위의무가 인정되더라도 이를 이행하는 것이 물리적 · 실질적으로 불가능하다면 부작위범은 성립할 수 없다[68]. 따라서 교통사고 운전자 등에게

67) 김동건, 빽소니 교통사고에 대한 소고, 법학논집(취봉 김용철선생 고희기념 논문집), 1993, 964면; 손기식, 앞의 책, 323-324면; 조상제, 도주운전자의 가중처벌 소정의 도주의 의미해석과 그 한계, 형사판례연구 5, 1997. 391면.

68) 김성천 · 김형준, 앞의 책, 260면 참조.

구호의무가 인정되는 경우에도 사고로 인한 상처 등으로 구호조치를 이행할 수 없는 경우에는 그 자에 대하여 본죄가 성립되지 않는다.

(2) 구호의무

구호의무는 운전자 등의 과실로 사고를 야기하였다면 그 선행행위에 대한 책임으로 구호의무를 이행하여야 하고, 운전자 등의 무과실인 경우에도 그 사고로 인하여 위난에 처해있는 당사자의 생명과 신체에 대한 위해를 제거하기 위하여 구호의무를 이행하여야 한다. 따라서 구호의무는 대인사고의 경우에만 문제되고 대물사고인 경우에는 발생하지 않는다. 그 구체적 내용을 분설하면 다음과 같다.

1) 치상시의 구호의무

운전자 등은 교통사고로 인하여 부상자가 발생한 경우 그를 구호하여야 한다. 구호는 부상자에 대한 현장에서의 응급조치, 사고차량 밑에 깔려 있는 부상자의 구출, 병원이나 경찰서, 119구조대에 대한 구호요청, 부상자의 병원으로의 후송 등을 의미한다[69]. 구호의무가 이행되었는가의 여부는 부상의 정도, 사고발생 장소나 시각 등에 따라 구체적으로 판단하여야 하며, 피해자의 생명, 신체에 대한 급박한 위해를 실질적으로 제거하는 정도에 이르면 구호의무는 이행된 것으로 보아야 한다[70].

대법원은 특정범죄가중처벌등에관한법률 제5조의3 제1항 소정의 '피해자를 구호하는 등 도로교통법 제50조 제1항의 규정에 의한 조

---

69) 황상현, 앞의 논문, 345면 참조.

70) 한상훈, 특가법 제5조의3(도주운전죄)과 원인에 있어서 자유로운 행위, 형사정책연구 제11권 제3호, 2000, 201면.

치를 취하지 아니하고 도주한 때'를 '사고 운전자가 사고로 인하여 피해자가 사상을 당한 사실을 인식하였음에도 불구하고 피해자를 구호하는 등 도로교통법 제50조 제1항에 규정된 의무를 이행하기 이전에 사고현장을 이탈하여 사고를 낸 자가 누구인지 확정될 수 없는 상태를 초래하는 경우'라고 한다[71].

이와 관련하여 문제가 되는 상황은 교통사고의 운전자 등이 신고를 받고 현장에 도착하는 응급차를 확인하고 현장을 떠나거나[72], 피해자를 응급의료기관[73]에 후송하여 치료행위가 개시된 것을 확인하고 병원을 떠난 것으로 구호의무를 다하였다고 할 수 있는가 하는 점이다. 이에 대하여 우리 나라 의료현실상 입원비 또는 수술비가 없다는 이유로 병원에서 치료를 받지 못하는 경우가 적지 않으므로 교통사고 피해자를 단지 병원에 데리고 갔다는 점만으로 피해자에 대한 구호조치가 완료되었다고 볼 수 없고, 수술에 필요한 수술비·입원비 등의 지급을 위한 조치를 취하여야 한다는 견해가 있다[74].

그러나 응급의료에관한법률은, 응급의료종사자가 업무중에 응급의료를 요청받거나 응급환자를 발견한 때에는 즉시 응급의료를 행하여야 하며 정당한 사유없이 이를 거부하거나 기피하지 못하도록 하고 있고(동법 제6조 제2항)[75], 응급환자에 대하여는 다른 환자에

71) 대법원 2002. 1. 11. 선고 2001도2869 판결.

72) 이 경우 東京高等裁判所 1982. 11. 9. 判決은 구호의무위반이라고 판단하고 있다.

73) 응급의료기관이란 의료법 제3조의 규정에 의한 의료기관 중에서 이 법에 의하여 지정된 중앙응급의료센터, 권역응급의료센터, 전문응급의료센터, 지역응급의료센터 및 지역응급의료기관을 말한다(응급의료에관한법률 제2조 제5호).

74) 한상훈, 앞의 논문, 201면.

우선하여 상담·구조 및 응급처치를 실시하고 진료를 위하여 필요한 최선의 조치를 하여야 하며(동법 제8조 1항), 응급의료종사자는 정당한 사유가 없는 한 응급환자에 대한 응급의료를 중단하여서는 아니되고(동법 제10조), 더 나아가 응급환자에 대하여 당해 의료기관의 능력으로는 그 환자에 대하여 적정한 응급의료를 행할 수 없다고 판단한 때에는 지체없이 그 환자를 적정한 응급의료가 가능한 다른 의료기관으로 이송하도록 하고 있다(동법 제11조 제1항).

특히 의료기관과 구급차 등을 운용하는 자가 응급환자에게 응급의료를 제공하고 이에 대한 비용을 지불받지 못하였을 경우에는 그 중 응급환자 본인이 부담하여야 하는 금액에 대하여 응급의료기금을 관리하는 기관의 장에게 代拂을 청구할 수 있도록 하고 있다(동법 제22조)[76].

따라서 교통사고의 부상자를 '응급의료기관'에 후송한 뒤 의료인들이 부상자를 인수하여 응급의료를 개시하는 것을 확인한 후 병원을 떠나거나, 119 구조대에 의한 구조조치가 시행되는 것을 확인한 후 사고현장을 떠난 경우에도 부상자의 생명, 신체에 대한 급박한 위해를 실질적으로 제거하였다고 할 수 있으므로 구호의무를 다하였다고 할 수 있다.

---

75) 이 경우 동법 제60조 제2항 제1호에 의하여 3년 이하의 징역 또는 1천만원 이하의 벌금에 처해진다.

76) 병원 실무에서도 즉시 필요한 응급처치를 받지 아니하면 생명을 보존할 수 없거나 심신상의 중대한 위해가 초래될 가능성이 있는 응급환자에 대하여는 보호자에 의한 수술 보증 등의 조치가 없는 경우에도 응급의료를 시행하는 것이 보편적이고, 응급의료비의 미수금에 대하여는 보건복지부 고시가 정한 '응급의료수가기준'에 의거하여 기간에 상관없이 진료비를 청구하고 있다고 한다.

또한 구호의무에 치료비 등 경비지불 의무도 구호의무에 포함되는가에 대하여 이를 긍정하는 견해도 있으나[77], 치료비 부담과 같은 민사책임은 본조의 구호의무의 내용이라 할 수 없다고 본다[78].

[구호조치위반으로 볼 수 없는 경우] ① 사고 운전자가 교통사고를 낸 후 피해자가 목을 주무르고 있는 것을 보고도 별다른 조치 없이 차량을 사고 현장에 두고 다른 사람에게 사고처리를 부탁하기 위하여 사고현장을 이탈하였으나 피해자가 2주간의 치료를 요하는 급성경추염좌의 상해를 입었을 뿐인 경우, 사고 운전자가 실제로 피해자를 구호하는 등의 조치를 취하여야 할 필요가 있었다고 보기 어렵다. (대법원 2002. 1. 11. 선고 2001도2869 판결)

② 피고인이 사고 직후 차량의 충돌 부위를 피해자들과 함께 살펴보고 차량 정체로 길이 막혀 있던 사고장소에서 가까운 자신의 집까지 서행하여 차량을 이동시킨 뒤 피해자들과 피해 변상 방법 등을 협의한 점 등 이 사건 사고의 경위와 그 뒤의 정황 등에 비추어 볼 때 피고인에게 도주의 의사가 있었다고 단정하기 어렵고, 또 피해자들의 상해의 부위와 정도, 피해 차량의 손괴 정도, 사고장소의 상황, 사고 뒤 피해자들의 태도 등에 비추어 보더라도 위 사고로 피고인이 피해자들을 구호하거나 교통상의 위험과 장해를 방지·제거하여 안전하고 원활한 교통을 확보하기 위한 조치를 취하여야 할 필요

77) 김현철, 교통사고환자를 병원으로 후송하고 이탈한 경우 도주차량인지 여부, 법조, 1998. 3, 162면.

78) 같은 취지: 한상훈, 앞의 논문, 201면.

가 있었다고 보기도 어려우므로, 피고인이 사고 장소에서 도로교통법 제50조 제1항의 규정에 따른 조치를 취하지 아니하고 그 곳을 벗어났다고 하여 피고인을 특정범죄가중처벌등에관한법률 제5조의3 제1항 제2호 위반죄와 도로교통법 제106조 위반죄로 처벌할 수 없다. (대법원 2002. 10. 22. 선고 2002도4452 판결)

2) 치사시의 구호의무

본죄에서 치사라고 함은 교통사고를 직접적 원인으로 하여 사망한 경우를 말한다. 피해자가 사망한 것으로 명확히 판단되는 경우에는 구호할 의무가 없다고 보아야 할 것이다[79]. 구호의무는 생명, 신체에 대한 위해로부터 피해자를 보호하기 위한 것이기 때문이다. 그러나 사망하였는지의 여부가 불명확한 경우에는 구호의무가 있다고 보아야 한다[80].

(3) 그 밖의 '필요한 조치'

도로교통법 제50조 제1항은 정차의무, 구호의무 이외에도 기타 필요한 조치를 취할 의무를 사고운전자 등에게 부과하고 있다. 그런데 동항의 입법취지는 교통사고로 인한 부상자의 생명, 신체의 위해를 최소화하기 위한 데에 있으므로, 부상자의 인명피해를 최소화하기 위한 의무인 구호의무가 주된 의무이고, 정차의무나 기타 필요한 조치의 의무는 구호의무에 수반하는 보조적인 의무로 이해하여야

79) 같은 취지: 손기식, 앞의 책, 305면.
80) 대법원 1991. 4. 23. 선고 91도52 판결.

한다. 따라서 구호의무를 이행하느라 그 밖의 필요한 조치를 취하지 못한 경우에는 그 구호조치를 취한 자에 대하여는 본죄가 성립하지 않는다.

그 밖의 '필요한 조치'란 교통사고 장소에서의 위험을 방지하고 안전을 확보하기 위한 일련의 조치를 말하는데[81], 그 정도는 사고의 내용, 피해의 태양과 정도 등 사고 현장의 상황에 따라 건전한 양식에 비추어 통상 요구되는 정도의 조치를 말한다[82]. 필요한 조치에 피해자 등 교통사고 관여자에게 사고운전자의 신원을 확인시키는 조치도 포함하는 개념으로 이해하는 견해[83]도 있다. 하지만 도로교통법 제50조 제1항은 도로에서 일어나는 교통상의 위험과 장해를 방지 · 제거하여 안전하고 원활한 교통을 확보함을 그 목적으로 하는 것이지 피해자의 물적 피해를 회복시켜 주기 위한 규정은 아니며[84], 더욱이 교통사고의 형사책임을 확인하기 위한 정보를 얻기 위한 것은 아니므로 사고 운전자의 신원확인을 위한 조치는 여기에 포함되지 않는다고 보아야 한다[85].

또한 후술하는 바와 같이 운전자 등에게는 사고가 일어난 곳, 사상자수 및 부상정도, 손괴한 물건 및 손괴정도 그 밖의 조치상황 등에 대한 경찰관 등에의 신고의무가 부과되어 있고 이에 위반한 경우 신고의무위반죄로 처벌되므로 본죄의 '필요한 조치'에 경찰관 등

81) 손기식, 앞의 책, 382면.

82) 대법원 2002. 6. 28. 선고 2002도2001 판결.

83) 황상현, 앞의 논문, 347면; 구욱서, 특정범죄가중처벌등에관한법률 제5조의3 제1항 위반죄에 있어서의 도주의 의미, 대법원 판례해설, 통권 제17호, 법원행정처, 1992, 915면.

84) 대법원 2002. 6. 28. 선고 2002도2001 판결.

85) 같은 취지: 조상제, 앞의 논문, 399면.

에 대한 신고조치는 포함되지 않는다.

1) 치상시의 필요한 조치

교통사고로 인하여 부상자가 발생한 경우에 기타 필요한 조치는 구호의무에 수반된 조치를 우선으로 한다. 따라서 부상자에 대한 구호의무를 이행하기 위하여 도로교통상의 위험이나 장해를 제거하지 못한 경우에는 이로 인한 구호의무등위반죄가 성립하지는 않는다. 다만 경미한 교통사고인 경우, 예를 들어 경미한 상해로 도로교통상의 위험 제거가 구호의무보다 더 필요한 상황에서는 먼저 위험이나 장애제거 조치를 취한 다음 부상자에 대한 구호의무를 행하여야 한다.

2) 치사시의 필요한 조치

교통사고로 사람이 사망한 경우 그 밖의 '필요한 조치'는 사체의 훼손을 방지하는 것을 1차적으로 하고, 그 다음으로 도로교통의 위험과 장해를 제거하여 안전하고 원활한 교통이 되도록 하는 것이다.

Ⅳ. 대상판결의 검토

본 사건 제2심 판결은 피고인 행위시 심신미약의 상태에 있었다는 점을 인정한 다음 "…… 음주할 때 이미 음주운전할 의사가 있었던 경우에는 음주운전 자체가 내포하는 위험성을 감안할 때 그 음주운전으로 말미암은 심신장애의 상태에서 단순히 운전하는 행위뿐 아니라 그러한 운전에서 경험칙상 당연히 결과할 수 있는 업무상 과실로 교통사고를 내는 행위 및 현행법상 그와 결합범으로 처벌되는 피해자 유기, 도주 등의 일련의 행위에 대하여도 위험의 발생을 예견하고 자의로 심신장애를 야기한 자의 행위로서 형법 제10조 제3항에 따라 심신장애로 인한 감경 등을 할 수 없는 경우에 해당한다.……"고 하여 음주운전을 예견할 수 있는 경우에는 음주운전죄는 물론이고 치상후 도주죄에 관하여도 원인에 있어서 자유로운 행위를 인정하여 심신미약 감경을 할 수 없다고 판단하였고, 대법원도 이러한 항소심 법원의 판결에 대한 피고인의 상고를 기각함으로써 이와 같은 입장을 분명히 하고 있다.

주취한 상태에서 운전을 하게 되면 교통사고를 유발시켜 치사상의 결과를 야기할 위험성이 있다는 점은 경험칙상 충분히 인정할 수 있으므로 이 점에 관한 법원의 판단은 타당하다. 그런데 문제는 음주운전의 고의가 있고, 음주운전을 하면 치사상의 결과를 유발시킬 수 있는 위험성이 있다는 점을 예견할 수 있다고 하여 그것만으로 음주시 이미 치사상의 결과 발생후 도주의 고의까지 당연히 있었다고 인정할 수 있겠는가 하는 점에 있다.

앞에서 살펴본 바와 같이 피고인이 치상후 도주한 점에 대하여 원인에 있어서 자유로운 행위라 하여 유죄로 인정하기 위해서는, 피고인이 음주당시 그가 주취운전중 교통사고를 야기하여 피해자를 치상하면 피해자를 구호하지 아니하고 도주할 것이라는 점에 대한 인식, 적어도 미필적 인식은 있어야 한다.

그러나 음주운전을 하면 사고를 유발시킬 위험이 크다는 점을 예견할 수 있다고 하여 특별한 증명 없이 곧 사고후 도주까지도 인식하고 인용하고 있다고 인정하는 것은 법원이 말하는 '경험칙'에 비추어 볼 때 오히려 고의의 인정범위를 지나치게 확대한 것으로 경험칙에 반하는 판단이라고 이해하지 않을 수 없다. 오히려 피고인이 음주하게 된 경위나 평소의 성행 등 특별한 사정에 비추어 음주시 도주에 대한 고의를 입증할 수 있는 경우에 한하여[86] 본죄는 '고의'에 의한 원인에 있어서 자유로운 행위로서 완전책임을 부과받게 되는 것으로 보아야 한다.

이와 같이 피고인이 음주시에 이미 사고후 도주의 고의를 갖고 있었음을 입증할 수 없다면 '고의'에 의한 원인에 있어서 자유로운 행위는 성립되지 않는다[87]. 따라서 법원이 인정한 바와 같이 피고인이 행위시 심신미약의 상태에 있었다는 점을 인정한다면 형법 제10조 제2항에 따라 형을 감경하는 것이 타당하다[88].

결국, 이 사건 판결이 일관하여 사고후 도주의 고의가 음주시에 있었는가에 대한 면밀한 검토없이 음주운전의 고의가 있었다는 사

---

86) 같은 취지: 대구고등법원 1986. 9. 24. 선고 86노1038 판결.

87) 설혹 '과실'에 의한 원인에 있어서 자유로운 행위가 성립될 여지가 있다고 하더라도 본죄에는 과실범 처벌규정이 없으므로 결과적으로 처벌할 수 없다.

88) 이렇게 책임을 감면하는 경우에 제기되는 과소처벌이라는 형사정책적 관점에서의 문제는 독일 형법 제323a조(명정: Vollrausch)와 같은 특별규정을 도입하여 해결하는 것이 바람직하다고 생각한다. 독일 형법 제323a조 1항은 "고의 또는 과실로, 알콜 음료 또는 그 밖의 명정유발물질을 음용하여 스스로 명정상태에 빠진 자는, 그 상태에서 범죄를 행하였고 명정으로 인하여 책임무능력 상태이었거나 책임무능력임을 배제할 수 없는 상태이었음을 이유로 처벌받지 않게 될 수 있다고 하더라도, 5년 이하의 징역이나 벌금에 처한다"고 규정하고 있다. 마약이나 술에 만취하여 살인을 저질렀으나 심신상실을 이유로 살인죄의 무죄를 선고받더라도 이 규정에 따라 처벌할 수 있다. 이 규정도 책임원칙과 관련하여 비판의 여지가 없는 것은 아니나, 형사정책적 이유 등으로 책임능력이 없는 자에게 형벌을 부과하는 것보다는 부작용이 덜하다고 생각한다 (이 조문에 관한 상세한 사항은 김형준, 독일에서의 非自招 酩酊犯罪, 현대형사법론(죽헌 박양빈교수 화갑기념 논문집), 법문사, 1996, 120-138면 참조).

실만으로 사고후 도주에 대한 고의를 추론하여 원인에 있어서 자유로운 행위의 성립을 인정한 것은 형법 제10조 제3항의 법리를 오인한 것으로 타당하다고 할 수 없다. 따라서 특가법상의 사고후 도주에 대하여는 형법 제10조 제2항을 적용하여 그 형을 감경하여야 한다고 본다.

다만 위 판례가 피고인 스스로 자신의 자동차를 운전하여 술집에 가고 술을 먹은 상태에서 술집, 식당 등을 그 자동차를 운전하여 다녔으므로 음주운전에 대한 고의가 음주시에 있었다고 판단하여 고의에 의한 원인에 있어서 자유로운 행위를 인정하여 책임감면을 하지 않은 것은 타당하다고 하겠다.

제3장 음주측정불응죄

제1절 음주측정불응죄의 쟁점

도로교통법은 누구든지 술에 취한 상태 즉, 혈중알콜농도가 0.05% 이상인 상태에서 자동차를 운전하는 것을 금지하고 있다(도로교통법 제44조 제1 · 4항). 이를 위반하여 운전을 한 사람에 대하여는 2년 이하의 징역이나 500만원 이하의 벌금에 처하도록 하고 있다(동법 제150조 제1호).

음주운전자를 이와 같은 형벌에 처하기 위하여는 먼저 운전자의 음주상태가 도로교통법이 정하는 술에 취한 상태에 해당하는가를 확인하여야 한다. 그런데 현행 도로교통법은 술에 취한 상태를 혈중알콜농도만을 기준으로 판단하기 때문에 사실상의 운전부적합성이나 외관상 발생되는 주취 증상만으로 이를 판단할 수 없다. 따라서 운전자에 대한 음주측정은 필수적인 것이다.

그러나 음주운전자의 경우 술에 취한 상태에 관한 경찰공무원의 측정요구에 응하지 않음으로써 처벌을 면하고자 하는 사태가 자주 발생함에 따라 도로교통법은 음주측정에 불응하는 음주운전자를 이 사유만으로 처벌할 수 있도록 함으로써 교통의 안전을 도모함과 동시에 음주운전의 수사를 용이하게 하고 있다. 즉, 도로교통법 제44조 제2항은 일정한 상황에서는 운전자가 음주측정에 응할 의무를 지고 있음을 규정하고 있고, 이 규정에 위반하여 경찰공무원의 음주측정에 응하지 아니한 자에 대하여는 음주운전과 마찬가지로 2년 이하의 징역이나 500만원 이하의 벌금에 처하도록 하고 있는 것이다(동법 제150조 제2호).

이와 같이 현행 도로교통법은 음주측정 불응자에 대하여 혈액의 채취를 강제적으로 시행하는 직접강제 대신에 그 자를 형사처벌하는 간접강제의 방법을 채택하고 있다. 그러나 음주측정에 불응한 행위에 대하여 음주운전 행위와 같은 법정형의 형사처벌이 합당한 것인지, 형사처벌을 통한 간접강제와 강제채혈을 통한 직접강제중 어느 것이 운전자의 법익침해를 최소화하는 것인지, 특히 음주운전의 수사를 위한 측정요구의 합법성 등에 대하여는 논란이 있을 수 있다.

제2절 연 혁

현행 도로교통법 제44조 제2항은 "경찰공무원은 교통안전과 위험방지를 위하여 필요하다고 인정하거나, 제1항의 규정에 위반하여 술에 취한 상태에서 자동차 등을 운전하였다고 인정할 만한 상당한 이유가 있는 때에는 운전자가 술에 취하였는지의 여부를 호흡조사에 의하여 측정할 수 있다. 이 경우 운전자는 경찰공무원의 측정에 응하여야 한다."고 규정하여 음주측정에 응하여야 할 운전자의 의무를 규정한 다음, 동법 제150조 제2호는 '술에 취한 상태에 있다고 인정할 만한 상당한 이유가 있는 사람으로서 제44조 제2항의 규정에 의한 경찰공무원의 측정에 응하지 아니한 사람'을 소위 음주측정불응죄로 처벌하도록 하고 있다.

음주측정불응에 관한 규정들은 도로교통법이 1980년 12월 31일(법률 제3346호) 개정되면서 처음 입법화되었다. 당시 동법 제39조 제2항은 "경찰관은 교통안전의 위험방지를 위하여 필요하다고 인정하는 경우 운전자의 주취여부를 측정할 수 있고, 운전자는 이에 응하여야 한다."고 규정하고, 동법 제75조 제3호는 "제39조 제2항의 규정에 의한 경찰관의 주취측정에 응하지 아니한 자"에 대하여는 음주운전자와 동일한 1년 이하의 징역 또는 50만원 이하의 벌금에 처하도록 규정하였다.

그러나 이 규정에 대하여는 주취상태에 있었는지 여부에 관계없이 음주운전과 동일하게 처벌하는 것은 부당하다는 지적이 있었고 이에 따라 1984월 8월 4일(법률 제3744호) 개정을 통하여 구법 제39조 제2항은 제41조 제2항으로 옮겨져서 "경찰공무원은 교통안전과 위험방지를 위하여 필요하디고 인정하는 때에는 운전자가 술에 취하였는지의 여부를 측정할 수 있으며, 운전자는 이러한 경찰공무원의 측정에 응하여야 한다."고 개정되었고, 벌칙조항은 구법 제75조 제3호는 제109조 제3호로 개정되어 "제41조 제1항에 해당하는 '술에 취한 상태에 있는 자'로서 동조 제2항의 규정에 의한 경찰공무원의 술취한 상태의 측정에 응하지 아니한 사람"을 처벌하도록 하였다.

또한 1990년 8월 1일(법률 제4243호) 개정을 통하여 제41조 제2항은 그대로 둔 채, 구법 제109조 제3호는 제107조의 2 제2호로 옮겨져 "술에 취한 상태에 있다고 '의심할 만한 상당한 이유'가 있는 사람으로서 제41조 제2항의 규정에 의한 경찰공무원의 측정에 응하지 아니한 사람"으로 개정되었고, 1992년 12월 8일(법률 제4518호) 동법 제107조의2 제2호는 "술에 취한 상태에 있다고 '인정할 만한 상당한 이유'가 있는 사람으로서 제41조 제2항의 규정에 의한 경찰공무원의 측정에 응하지 아니한 사람”으로 바뀌었다.

그런데 동법은 1995년 1월 5일(법률 제4872호) 개정을 통하여 제41조 제2항을 “경찰공무원은 교통안전과 위험방지를 위하여 필요하다고 인정하거나, 제1항의 규정에 위반하여 술에 취한 상태에서 자동차등을 운전하였다고 인정할 만한 상당한 이유가 있는 때에는 운전자가 술에 취하였는지의 여부를 측정할 수 있으며, 운전자는 이러한 경찰공무원의 측정에 응하여야 한다.”고 하여 후단을 신설하였다. 이로써 운전자는 교통안전과 위험방지를 위한 필요성이 없는 경우에도 음주운전을 하였다고 인정되는 상당한 이유가 있는 경우에는 음주측정에 응하여야 할 의무가 인정되게 되었다. 또한 동법은 1997년 8월 30일(법률 제5405호) 개정을 통하여 술에 취한 상태에서 건설기계를 조종하여 도로를 통행하는 때에는 자동차운전의 경우와 같이 음주운전으로 처벌할 수 있도록 하였다.

그 이후 2005년 5월 31일(법률 제7545호)에는 전부개정을 통하여 제41조 ‘주취중 운전금지’를 제44조 ‘술에 취한 상태에서의 운전금지’로 하여 조문과 표제를 변경하였을 뿐만 아니라, 제44조 제2항에서 운전자가 술에 취하였는지의 여부를 ‘호흡조사’에 의하여 측정할 수 있게 하였다.

또한 2006년 7월 19일(법률 제7969호)에는 일부개정을 통하여 “제주특별자치도설치 및 국제자유도시 조성을 위한 특별법”이 제정(법률 제7849호, 2006. 2. 21. 공포, 2006. 7. 1. 시행)되어 제주특별자치도의 자치경찰이 지역교통 활동에 관한 사무를 수행할 수 있게 됨에 따라, 도로교통법에 따라 교통법규위반 단속 등에 관한 제주특별자치도의 자치경찰의 권한을 규정하고, 제44조 제2항의 경찰공무원에 ‘자치경찰공무원을 제외한다’는 내용을 삽입하였다.

제3절 성립요건과 처벌

Ⅰ. 성립요건

1. 술에 취한 상태에 있다고 인정할 만한 상당한 이유

(1) 술에 취한 상태

여기서 말하는 '술에 취한 상태'란 음주운전에서의 술에 취한 상태의 기준과 같이 혈중알콜농도 0.05% 이상[1]을 말한다(동법 제44조 제4항). 따라서 운전자에게 알콜의 영향으로 사실상 운전능력이 있는가의 여부[2]를 떠나 단지 그가 혈중알콜농도 0.05% 이상의 상태에 있는가 하는 것만이 문제가 된다.

---

1) 63.5㎏의 체중을 가진 성인 남자를 기준으로 할 때 술 한잔(알콜 12-14g: 맥주 1캔, 양주 1잔, 포도주 1잔, 소주 1⅓잔)을 마시고 1시간 이내에 나타나는 혈중알콜농도는 0.014%이고, 2잔이면 0.045%, 3잔이면 0.075%, 4잔이면 0.11%에 도달한다고 한다. 여성 음주자의 경우, 남자에 비해 除脂肪 체중이 적고 위장점막 조직의 알콜 탈수소효소의 활성이 낮으므로 같은 양의 음주 후에도 그 혈중알콜농도는 높아져 체중이 54.5㎏인 경우 1잔이면 0.023%, 2잔이면 0.066%, 3잔이면 0.11%, 4잔이면 0.15%까지 이르게 된다고 한다(박상철, 음주와 건강 그리고 문제점, 음주운전 추방을 위한 세미나자료, 도로교통안전협회, 1998, 44면).

2) 그럼에도 불구하고 실무상 경찰공무원이 '주취운전자 적발보고서'를 작성할 때에는 ① 단속당시 운전자 언행상태, ② 보행상태와 정지상태, ③ 운전자의 혈색 등(안면, 눈충혈상태 등), ④ 기타(측정거부 또는 날인거부 등) 사항을 내용으로 하는 '정황보고서'를 작성하도록 하고 있다.

(2) 현재성

본죄는 운전자가 술에 취한 상태에 '있다고' 인정할 만한 상당한 이유가 있어야 성립된다. 그러므로 설혹 전날 밤 술에 취한 상태에서 음주운전을 하였음에도 불구하고 다음 날 술이 완전히 깨어 술에 취한 상태에 있지 않음으로써 사후의 음주측정에 의하여 주취운전 여부를 확인할 수 없음이 명백한 경우에는 경찰공무원은 측정요구를 할 수 없고, 운전자는 이에 불응하여도 동죄가 성립되지 않게 되는 것이다[3].

또한 음주측정요구를 받을 당시에 술에 취한 상태에 있었다고 인정할 만한 상당한 이유가 있다고 보아 음주측정불응죄가 인정되는 이상, 그 후 스스로 경찰공무원에게 혈액채취의 방법에 의한 음주측정을 요구하고 그 결과 음주운전으로 처벌할 수 없는 혈중알콜농도 수치가 나왔다고 하더라도 음주측정불응죄의 성립에 영향이 없다[4].

(3) 상당한 이유

도로교통법 제44조 제2항 후단에 의하여 본죄가 성립되기 위하여는 술에 취한 상태에서 음주운전을 '하였다'고 인정될 수 있는 상당한 이유가 있어야 한다. 1995년 1월 5일 이 조항이 신설되기 전에는 위에서 살펴본 바와 같이 음주운전후 도주한 운전자가 더 이상 운전을 계속할 의사가 없다고 주장하는 등의 경우에 사실상 음주측정을 요구할 수 없게 되었던 점을 보완하기 위하여 경찰공무원에게

---

3) 대법원 1997. 6. 13. 선고 96도3069 판결; 대법원 1998. 3. 27. 선고 97누20755 판결; 전주지방법원 1997. 9. 4. 선고 97노610 판결.

4) 대법원 2004. 10. 15. 선고 2004도4789 판결.

는 음주운전죄의 수사를 위한 음주측정권한을 부여하고, 음주운전자에게는 음주운전수사에 응하여야 할 의무를 정하고 있는 것이다[5].

따라서 정지된 자동차에 타고 있거나 자동차에서 내려 도주하는 운전자에게서 반드시 혈중알콜농도 0.05% 이상의 상태에 있어야 하는 것은 아니지만 적어도 혈중알콜농도 0.05% 이상의 상태에 있다고 인정할 만한 상당한 이유가 있어야 하는 것이고, 나아가 술에 취한 상태에 있다고 인정할 만한 상당한 이유가 있는지 여부는 음주측정 요구 당시 개별 운전자마다 그의 외관·태도·운전 행태 등 객관적 사정을 종합하여 판단하여야 한다[6]. 이를 구체적으로 검토하면 다음과 같다.

1) 음주감지기의 경고반응 여부

경찰은 호흡측정기에 의한 음주측정 전에 음주여부 발견하기 위하여 1차적으로 음주감지기를 활용하고 있는데, 이 음주감지기의 경고반응을 곧 '술에 취한 상태에서 운전하였다고 인정할 만한 상당한 이유'로 이해할 수 있는가 하는 점이다.

현재 사용되는 음주감지기가 혈중알콜농도 0.02%인 상태에서부터 경고반응을 하게 되어 있다고 한다면, 음주감지기의 경고반응이 운전자가 술에 취한 상태에 있다고 '의심할' 수 있는 이유는 제공한다고 볼 수 있겠다. 그러나 그것만으로 바로 운전자가 혈중알콜농도 0.05% 이상의 술에 취한 상태에 있다고 '인정할' 만한 상당한 이유

---

5) 헌법재판소 1997. 3. 27. 선고 96헌가11 결정; 대법원 1997. 6. 13. 선고 96도3069 판결; 대법원 1998. 3. 27. 선고 97누20755 판결.

6) 대법원 2003. 1. 24. 선고 2002도6632 판결; 대법원 2002. 6. 14. 선고 2001도5987 판결.

가 있다고 볼 수는 없다. 따라서 음주감지기의 경고반응은 그야말로 단속경찰관의 제1차적인 판단자료에 머물러야 하며, 다른 상황의 확인 없이 단지 음주감지기의 반응만을 근거로 주취상태 인정의 상당성을 확인하는 것은 타당하지 않다.

[음주감지기 반응] 호흡측정기에 의한 음주측정을 요구하기 전에 사용되는 음주감지기 시험에서 음주반응이 나왔다고 할지라도 현재 사용되는 음주감지기가 혈중알코올농도 0.02%인 상태에서부터 반응하게 되어 있는 점을 감안하면 그것만으로 바로 운전자가 혈중알코올 농도 0.05% 이상의 술에 취한 상태에 있다고 인정할 만한 상당한 이유가 있다고 볼 수는 없고, 거기에다가 운전자의 외관·태도·운전행태 등의 객관적 사정을 종합하여 술에 취한 상태에 있다고 인정할 만한 상당한 이유가 있는지 여부를 판단하여야 한다. (대법원 2003. 1. 24. 선고 2002도6632 판결)

2) 운전자의 혈색 · 언행 · 보행 상태 여하

일반적으로 혈중알콜농도가 0.05% 이상인 상태에서는 얼굴이 붉어지고, 말이 많아지며, 운동량이 다소 증가하는 정도의 증상이 나타나므로[7], 운전자의 외관 · 혈색, 언어의 명확성 등의 객관적 사정은 술에 취한 상태에 있다고 인정할 만한 상당한 이유를 판단하는 중요한 자료가 된다. 따라서 운전자에 대한 음주감지기 시험에서 경고반응이 있다고 하더라도 운전자의 혈색 등의 객관적 사정을 종합

7) 김경수, 음주운전이 신체와 운전기능에 미치는 영향에 대한 고찰, '96 교수연구논집(Ⅱ), 도로교통안전협회, 1996, 587면.

적으로 판단하여 술에 취한 상태에 있다고 인정할 만한 여지가 있는지를 면밀히 검토하여 이를 인정할 수 있을 때에만 동죄가 성립될 수 있다.

예를 들어, 얼굴이 붉어지고 말이 많아지기도 하며 운동량이 다소 증가하거나[8], 더 나아가서 비틀거리는 걸음걸이나 불명확한 말투, 눈동자의 고정상태 등을 통하여 주위 사람들이 쉽게 운전자가 술에 취한 상태에 있었다는 것을 인정할 수 있을 정도[9]에 이른 경우에는 운전자가 술에 취한 상태에서 운전을 하였다는 것을 인정할 만한 상당한 이유가 있다고 볼 수 있을 것이다.

> [상당성이 인정된 경우] ① 피고인이 술을 마신 상태에서 운전을 하다가 교통사고를 내고 도주하여 귀가함으로써 운전을 종료한 후 경찰공무원이 음주측정을 요구할 때까지 2시간 가량 경과하였다고 하더라도, 위 음주측정의 요구 당시에 피고인이 술에 취한 상태에서 운전하였다고 인정할 만한 상당한 이유가 있었다 할 것이다. (대법원 1997. 6. 13. 선고 96도3069 판결)[10]

---

8) 혈중알콜농도 0.05%-0.15%에서 나타나는 증상이라고 한다(김경수, 앞의 논문, 587면).

9) 혈중알콜농도 0.16%-0.25% 상태에서 이러한 증상이 나타나며, 0.26%-0.35% 상태에서는 보행이 어렵고 언어는 완전히 불명확하며, 0.36% 이상의 상태에서는 호흡곤란까지 온다고 한다(김경수, 앞의 논문, 587면).

10) 이 사건의 원심판결은 피고인이 운전을 종료한 후 경찰공무원의 피고인에 대한 음주측정 요구가 피고인이 음주상태에서 운전한 것임이 명백하다고 인정할 만한 시간적 근접성이 부족하다는 이유로 음주측정불응죄가 성립하지 않는다고 하여 무죄를 선고하였다(창원지방법원

② 피고인의 음주와 음주운전을 목격한 참고인이 있는 상황에서 경찰관이 음주 및 음주운전 종료로부터 약 5시간 후 집에서 자고 있는 피고인을 연행하여 음주측정을 요구한 데에 대하여 피고인이 불응한 경우, 도로교통법상의 음주측정불응죄가 성립한다. (대법원 2001. 8. 24. 선고 2000도6026 판결)

③ 피고인에 대한 음주감지기 시험결과 음주반응이 나온 점, 음주측정을 요구받을 당시 피고인에게서 술 냄새가 났고, 혈색이 붉은 색을 띠고 있었으며, 걸음걸이 등 보행상태가 약간 흔들거렸던 점, 음주측정을 요구받은 피고인이 그 자리에서 당시 입고 있던 사복을 차에 있던 전투복으로 갈아 입은 후 경찰공무원에게 군인신분증을 보여주면서 자신은 군인이니 좀 봐주면 안되겠느냐고 부탁한 점 등과 같은 사정들을 종합하면, 경찰공무원으로부터 음주측정 요구를 받을 당시에 피고인은 혈중알코올농도 0.05% 이상의 술에 취한 상태에 있었다고 인정할 만한 상당한 이유가 있다. (대법원 2004. 10. 15. 선고 2004도4789 판결)

[상당성이 부정된 경우] ① 피고인은 이 사건 당일인 1001. 8. 15. 22:16경 음주운전 일제단속과정의 음주감지기에 의한 시험에서 음주반응이 나왔음에도 경찰관의 호흡측정기에 의한 음주측정 요구에 불응한 사실은 인정되나, 당시 피고인을 단속한 경찰관의 진술에 의하더라도 음주감지기 시험에서는 음주반응이 나왔기 때문에 피고인이 음주운전을 하였다는 의심을 하였을 뿐이지 여기에 더 나아가 피고인의 입에서

1996. 11. 6. 선고 96노1038 판결).

술냄새가 나거나 걸음걸이에 특이한 점은 없었다고 진술하고 있을 뿐만 아니라, 피고인이 최초로 음주측정을 요구받은 시점으로부터 약 25분이 경과한 22:41경 음주측정에 응한 결과에 의하더라도 피고인이 당시 운전이 금지되는 술에 취한 상태의 기준에 미달하는 0.032%의 혈중알코올농도가 나왔다고 하는 사후적인 사정까지 아울러 고려하여 볼 때, 이 사건에서 음주감지기 시험에서 음주반응이 나왔다고 하여 피고인이 음주측정을 요구받을 당시 음주운전죄로 처벌되는 음주수치인 혈중알코올농도 0.05% 이상의 음주상태에 있다고 인정할 만한 상당한 이유가 있었다고 보기는 어렵다고 할 것이다. (대법원 2003. 1. 24. 선고 2002도6632 판결)

② 신고를 받고 출동한 제천경찰서 청전지구대 소속 경장 공소외인이 피고인이 음수운전을 종료한 후 40분 이상이 경과한 시점에서 길가에 앉아 있던 피고인에게서 술냄새가 난다는 점만을 근거로 피고인을 음주운전의 현행범으로 체포한 것은 피고인이 '방금 음주운전을 실행한 범인이라는 점에 관한 죄증이 명백하다고 할 수 없는 상태'에서 이루어진 것이다. (대법원 2007. 4. 13. 선고 2007도1249 판결)

3) 혐의의 상당성의 확인방법

이러한 객관적 혐의가 있다고 볼 수 없는 자동차를 운전하는 자가 교통경찰관의 음주측정에 요구에 응하지 아니하더라도 이로써 본죄가 성립되는 것은 아니다[11]. 그런데 운전자가 주취상태에 있다

11) 대법원 1990. 3. 9. 선고 89도2014 판결.

고 인정할 만한 상당한 이유를 발견하기 위하여는 먼저 자동차를 정지시켜야 한다. 운행중인 자동차가 술에 취한 상태에 있는 사람에 의하여 운전되고 있다고 인정할 만한 객관적 혐의[12)]가 명백한 때에는 그 자동차를 정차시키는 것은 도로교통법 제150조 제2호를 근거로도 허용될 수 있을 것이다.

뿐만 아니라 운행중인 자동차로부터 이러한 객관적 혐의가 발견되기 않음에도 불구하고 경찰이 설정한 음주운전 검문소를 통과하는 모든 차량을 정지시켜 운전자의 주취상태를 발견하고자 하는 소위 一齊檢問도 원칙적으로는 허용되어야 한다고 본다[13)]. 검문을 위한 단시간의 정지가 가져다 주는 운전자에 대한 침해보다도 음주운전의 위험성이 훨씬 크기 때문이다.

[음주운전 일제단속의 적법성] 음주운전으로 인한 피해

---

12) 참고로 캘리포니아 州의 음주운전단속지침(Manual of the Drinking Driver)은 운전중 다음의 상태 즉, ① 과속주행, ② 급격한 운전(저속-과속-저속), ③ 잦은 차선변경, ④ 과도한 조작(부적절한 차간간격), ⑤ 신호무시, ⑥ 신호등에서의 과속 또는 급정차, ⑦ 야간에 전조등을 켜지 않은 주행, ⑧ 상향전조등주행, ⑨ 반복적인 클러치조작 실패, ⑩ 불합리한 저속주행, ⑪ 급격한 출발 또는 정지, ⑫ 갓길 또는 중앙선에 걸친 주행, ⑬ 추운 날 창문을 연 상태에서의 주행, ⑭ 머리를 창밖으로 내어 민 운전 등의 상태가 외부적으로 징표되는 경우에 객관적 혐의가 있다고 보아 단속의 대상으로 하고 있다고 한다(민예기 등, 앞의 책, 175-176면 참조).

13) 이 경우에도 적어도 경찰의 내부지침에 따라 적정하다고 인정되는 장소에서의 정지는 허용되나 경찰관이 임의로 선정한 장소에서의 검문은 허용되지 않으며, 경찰관이 어떤 정형화된 기준 없이 무작위로(randomly) 검문 자동차를 선택하는 것도 허용되지 않는다(Michigan Department of State Police v. Sitz, 496 U.S. 444(1990)).

를 예방하여야 하는 공익은 대단히 중대하며, 그러한 단속방식이 그 공익을 보호함에 효율적인 수단임에 반하여, 일제단속식 음주단속으로 인하여 받는 국민의 불이익은 비교적 경미하다. 검문을 당하는 국민의 불이익은 교통체증으로 인한 약간의 시간적 손실, 주관적·정서적 불쾌감 정도에 불과하고, 음주측정을 실시하는 경우라 할지라도 그것은 단속현장에서 짧은 시간 내에 간단히 실시되고 측정결과도 즉석에서 알 수 있는 호흡측정 방법에 의하여 실시되므로 편이성이 높다. 따라서 도로를 차단하고 불특정 다수인을 상대로 실시하는 일제단속식 음주단속은 그 자체로는 구 도로교통법 제41조 제2항 전단에 근거를 둔 적법한 경찰작용이다. (헌법재판소 2004. 1. 29. 선고 2002헌마293 전원재판부 결정)

4) 상당성 판단의 구체적 사례

상당성 판단에 관한 다양한 논점을 포함하고 있는 대법원 2002. 6. 14. 선고 2001도5987 판결을 대상으로 구체적으로 상당성을 검토해 보기로 한다.

① 사건 개요

피고인은 소형 화물차량을 운전하는 자로서, 2000. 10. 22. 22:48쯤 충북 청원군 오창면 가곡리에 있는 팔결교 앞에서 단속경찰관이 차량을 운행중인 피고인에 대하여 음주단속을 하던 중 음주감지기에서 반응이 나타나 피고인에게 음주측정을 요구하였고, 피고인이 두차례에 걸쳐 음주측정에 응했으나 제대로 불지 않았다면서 단속경찰관이 재차 음주측정을 요구하자 피고인은 이에 불응하였다. 피고인이 이 사건 당일 14:00 내지 15:00쯤 소주 2잔 정도를 마신 사실은 있으나, 음주측정요구 당시 피고인의 언행상태, 보행상태, 운전자 혈색이 모두 정상인 상태였다.

② 사건 경과

제1심 법원은 피고인이 주취 상태로 차량을 운전하던 중 단속경찰관의 음주측정요구에 정당한 사유 없이 불응하였다는 이 사건 공소사실에 대해 유죄를 인정하였다[14].

이에 대하여 피고인은 경찰관의 음주측정요구에 2회에 걸쳐 측정에 응했으나, 경찰관이 더 세게 불라고 하면서 감정적으로 대응하여 더 이상의 측정에 불응하면서 경찰관과 시비가 되었던 것이지 음주측정에 불응할 의사가 없었고, 피고인이 술에 취한 상태에서 자동차를 운전하였다고 인정할 만한 상당한 이유가 없었음에도 불구하고 이 사건 공소사실을 유죄로 인정한 원심판결에는 도로교통법위반(음주측정거부)죄에 관한 법리를 오해하여 판결에 영향을 끼친 위법이 있다는 취지로 항소하였다.

제2심 법원이 피고인의 주장을 받아들여 무죄를 선고하자[15], 검사는 이에 불복하여 상고하였고 대법원은 그 상고를 기각함으로써 무죄가 확정되었다.

③ 대상판결 요지

도로교통법 제107조의2 제2호의 음주측정불응죄는 '술에 취한 상태에 있다고 인정할 만한 상당한 이유가 있는 사람이 같은 법 제41

---

14) 청주지방법원 2001. 5. 22. 선고 2001고단64 판결.

15) 청주지방법원 2001. 10. 26. 선고 2001노457 판결.

조 제2항의 규정에 의한 경찰공무원의 측정에 응하지 아니한 경우'에 성립하는 것인 바, 여기서 '술에 취한 상태'라 함은 음주운전죄로 처벌되는 음주수치인 혈중알콜농도 0.05% 이상의 음주상태를 말한다고 보아야 할 것이므로, 음주측정불응죄가 성립하기 위하여서는 음주측정요구 당시 운전자가 반드시 혈중알콜농도 0.05% 이상의 상태에 있어야 하는 것은 아니지만 적어도 혈중알콜농도 0.05% 이상의 상태에 있다고 인정할 만한 상당한 이유가 있어야 하는 것이고, 나아가 술에 취한 상태에 있다고 인정할 만한 상당한 이유가 있는지 여부는 음주측정 요구 당시 개별 운전자마다 그의 외관·태도·운전 행태 등 객관적 사정을 종합하여 판단하여야 할 것이다[16].

따라서 호흡측정기에 의한 음주측정을 요구하기 전에 사용되는 음주감지기 시험에서 음주반응이 나왔다고 할지라도 현재 사용되는 음주감지기가 혈중알콜농도 0.02%인 상태에서부터 반응하게 되어 있는 점을 감안하면 그것만으로 바로 운전자가 혈중알콜농도 0.05% 이상의 술에 취한 상태에 있다고 인정할 만한 상당한 이유가 있다고 볼 수는 없고, 거기에다가 운전자의 외관·태도·운전 행태 등의 객관적 사정을 종합하여 술에 취한 상태에 있다고 인정할 만한 상당한 이유가 있는지 여부를 판단하여야 한다.

그런데 피고인은 이 사건 당일 22:48경 음주운전 일제단속과정의 음주감지기에 의한 시험에서 음주반응이 나타났음에도 경찰관의 호흡측정기에 의한 음주측정 요구에 불응한 사실이 인정되나, 피고인은 당일 14시에서 15시 사이에 소주 2잔 정도를 마셨다고 주장하였

---

16) 대법원 1999. 12. 28. 선고 99도2899 판결; 2001. 8. 24. 선고 2000도6026 판결 참조.

고, 단속경찰관도 피고인이 별로 취해 보이지 않았으며 음주측정기를 불더라도 낮은 수치가 나올 것으로 생각되어 음주측정거부 스티커를 발부하면서 안타까운 마음이 들었다고 진술하고 있는 점, 피고인에 대한 주취운전자 정황진술보고서에는 음주측정요구 당시 피고인의 언행상태, 보행상태, 혈색이 모두 정상이었다고 기재되어 있는 점 등을 종합하여 볼 때, 이 사건에서 음주감지기 시험에서 음주반응이 나왔다고 하여 피고인이 음주측정을 요구받을 당시 술에 취한 상태에 있다고 인정할 만한 상당한 이유가 있었다고 보기는 어려우므로, 원심이 같은 취지에서 음주측정불응죄가 성립하지 않는다고 판단한 것은 정당하고, 거기에 상고이유로 주장하는 바와 같은 음주측정불응죄에 대한 법리오해 등의 위법이 있다고 할 수 없다.

2. 교통안전과 위험방지의 필요성

도로교통법 제44조 제2항 전단은 음주운전을 제지하지 아니하고 방치할 경우에 초래될 도로교통의 안전에 대한 침해 또는 위험을 미리 방지하기 위한 필요성, 즉 교통안전과 위험방지의 필요성이 있을 때에 운전자에 대하여 요구할 수 있는 예방적인 행정행위를 규정하고 있다. 그리고 여기서 '교통안전과 위험방지의 필요성'이란 당해 운전자의 운전으로 인하여 발생될 구체적 위험성을 뜻하는 것이고, 그와 같은 필요성은 음주측정을 요구받았을 당시에 존재하여야 한다. 따라서 운전자가 운전중에 있을 경우에 바로 그 현장에서 음주측정을 요구받았을 경우에 이에 불응하면 본 조항에 따라 음주측정불응죄가 성립된다.

그러나 ① 이미 주차한 후 집으로 들어가려는 순간[17], ② 전방에서 음주단속이 실시중인 것을 간파하고 운전중인 자동차를 주차한 후 다른 수단으로 귀가하는 경우[18], ③ 주차문제로 시비중인 자를 경찰서로 동행하여 음주측정을 요구한 경우[19] 등과 같이 운전자가 운전을 이미 종료하여 음주측정을 요구받을 '당시에는' 더 이상 자동차를 음주한 상태로 운전하지 않을 것임이 명백하다면 음주운전으로 인한 교통안전과 위험방지의 필요성은 소멸되었다고 할 수밖에 없다[20]. 따라서 설혹 음주운전죄의 증거확보를 위하여 경찰공무원이 수사상 음주측정을 요구함에 대하여 불응하였다고 하더라도 동법 제44조 제2항 전단을 이유로 본죄가 성립하지는 않는다.

3. 경찰공무원의 측정

술에 취하였는지 여부의 측정 요구는 경찰공무원이 행한다. 경찰관직무집행법 제2조 제4호는 경찰관의 직무로 교통의 단속과 위해의 방지를 정하고 있으므로 여기서 말하는 경찰공무원은 교통단속을 업무로 하는 경찰공무원뿐만 아니라 그 이외의 업무를 하고 있

---

17) 대법원 1993. 5. 27. 선고 92도3402 판결.

18) 이러한 경우는 잠시 음주운전을 중단한 상태에 불과하였다고 보아 교통안전과 위험방지의 필요성이 있다는 판결도 있다(대법원 1994. 9. 27. 선고 94도1562 판결).

19) 대법원 1994. 10. 7. 선고 94도2172 판결.

20) 이에 대하여 교통사고 후 검거되어 운전이 종료된 경우에도 운전자가 스스로 운전을 종료한 것이 아니므로 주관적으로도 계속해서 운전할 의사가 남아 있을 수 있고, 교통초소나 파출소 등에서 벗어난 후에는 다시 운전을 계속할 위험성이 있으므로 음주측정불응죄는 성립될 수 있다는 견해도 있다(봉욱, 음주측정불응죄의 성립요건, 형사판례연구(3), 박영사, 1995, 267면).

는 경찰공무원도 포함된다.

또한 도로교통법 제5조에 의하면 경찰공무원에 전투경찰순경을 포함하고 있으므로 이 또한 경찰공무원에 포함한다. 그러나 동법 제5조는 행정자치부령이 정하는 경찰공무원을 보조하는 사람은 '경찰공무원 등'이라고 하므로 동법에서의 경찰공무원에 '경찰공무원 등'은 포함되지 않는다. 따라서 교통안전 봉사활동에 종사하는 모범운전자나 군사훈련 및 작전에 동원되는 부대의 이동을 유도하는 헌병(동법 시행규칙 제7조의 2)은 음주측정요구를 할 수 없다.

구체적인 측정방법에 관하여는 제4장 음주운전의 수사에서 살펴보기로 한다.

4. 음주측정에 대한 불응

본죄는 경찰공무원의 음주측정요구에 불응함으로써 성립되는 진정부작위범이다. 그래서 술에 취한 상태에 있다고 인정할 만한 상당한 이유가 있는 사람이 교통안전과 위험방지의 필요성 또는 술에 취한 상태에서 운전을 하였다고 인정할 만한 상당한 이유가 있음에도 불구하고 경찰공무원의 음주측정 요구에 응하지 않으면 본죄가 성립된다. 즉 주취상태에 있지 않은 운전자의 음주측정불응은 본죄가 성립하지 않는다.

경찰청의 교통단속처리지침에 의하면 음주측정 요구에 불응하는 운전자에 대하여는 음주측정 불응에 따른 불이익을 10분 간격으로 3회 이상 명확히 고지하고 이러한 고지에도 불구하고 측정을 거부하는 때 즉, 최초 측정요구시로부터 30분이 경과한 때에 측정거부로 처리하도록 되어 있다[21]. 또한 최종 음주시점으로부터 구강내의 잔류 알콜이 완전히 소거되기 위하여는 20분이 걸린다고 한다. 따라서 20분이 경과하기 전에는 물로 입을 헹구게 한 다음 측정하여야 한다[22]. 그러나 20분이 경과한 후에도 입을 헹굴 물을 주지 않는다는 이유로 음주측정에 불응하면 동죄가 성립된다[23].

[형식적으로 음주측정에 응한 경우] 음주측정운전자가 경찰공무원으로부터 음주측정을 요구받고 호흡측정기에 숨을 내쉬는 시늉만 하는 등 형식적으로 음주측정에 응하였을 뿐 경찰공무원의 거듭된 요구에도 불구하고 호흡측정기에 음주측정수치가 나타날 정도로 숨을 제대로 불어넣지 아니하였다면 이는 실질적으로 음주측정에 불응한 것과 다를 바 없다 할 것이고, 운전자가 정당한 사유 없이 호흡측정기에 의한 음주측정에 불응한 이상 그로써 음주측정불응의 죄는 성립하는 것이며, 그 후 경찰공무원이 혈액채취 등의 방법으로 음주여부를 조사하지 아니하였다고 하여 달리 볼 것은 아니다. (대법원 2000. 4. 21. 선고 99도5210 판결)

[위법한 체포에 기한 측정요구] 위법한 체포 상태에서 음주측정요구가 이뤄진 경우 운전자가 주취운전을 했다고 인정할 만한 상당한 이유가 있다 하더라도 운전자에게는 경찰의 위법한 음주측정요구에 대해서까지 응할 의무가 있다고 보아 이를 강제하는 것은 부당하며, 그에 불응했다고 해서 음

---

21) 대법원 2002. 3. 15. 선고 2001도7121 판결 참고.

22) 서울행정법원 1999. 1. 27. 선고 98구19222 판결.

23) 대법원 2002. 9. 24. 선고 2002도4032 판결.

주측정거부에 관한 도로교통법위반죄로 처벌할 수는 없다. (대법원 2006. 11. 9. 선고 2004도8404 판결[24])

Ⅱ. 처 벌

음주측정불응자는 음주운전죄의 법정형과 같은 2년 이하의 징역 또는 500만원 이하의 벌금으로 처벌된다.

그런데 음주운전을 형사처벌하는 것은 단순히 운전자가 술을 마셨다는 것 때문이 아니라 알콜로 인하여 정상적인 운전이 어려운 상태에서는 사고발생의 여지가 높기 때문이다. 따라서 현행 도로교통법이 사실상의 운전능력과는 관계없이 단순히 일정 수치이상의 혈중알콜농도만을 기준으로 2년 이하의 징역이라는 무거운 형벌에 처할 수 있도록 한 것은 적절하지 않다고 생각된다.

이러한 상황을 고려할 때 현행법이 음주측정불응죄를 음주운전죄와 같은 법정형으로 처벌하는 것은 무리가 아닐 수 없다고 본다. 비교법적으로 검토하더라도 일본은 주기운전죄를 3년 이하의 징역 또는 50만엔 이하의 벌금에 처하면서도 측정불응에 대하여는 3월 이하의 징역 또는 5만엔 이하의 벌금에 처하도록 하고 있다[25].

24) 피고인은 목수로 일하던 공사장에서 일을 마치고 오토바이를 타고 귀가하다 집 앞에서 안전모 미착용으로 경찰에 적발됐다. 경찰은 피고인에게서 술 냄새가 나자 음주측정을 요구하면서 음주측정기가 있는 파출소에 동행할 것을 요구했고, 피고인이 임의동행을 거부하자 순찰차로 피고인을 파출소까지 강제로 연행한 사건이다.

25) 이에 대하여 독일은 음주운전에 대하여는 형사처벌을 하면서도 음주측정불응에 대하여는 형사처벌 규정을 두지 않고 강제채혈을 허용하고 있으며(독일 형사소송법 제81a조 제1항), 미국도 음주측정불응에 대하여 형사처벌 규정은 두고 있지 않으나, 측정을 거부한 사실을 음

우리 법원이 도로교통법을 개정하여 음주측정거부에 대한 처벌에 구류형을 신설함으로써 이를 즉결심판에 처할 수 있도록 도로교통법의 개정을 추진하는 것이 바람직하다는 견해를 피력하고 있는 것도 이러한 맥락에서 이해할 수 있을 것이다[26].

더욱이 음주측정불응죄는 운전자가 음주측정을 거부함으로써 음주운전죄의 입증이 곤란하게 될 경우 그를 처벌할 수 없는 사태에 대비하기 위하여 입법된 것이라고 본다면, 측정불응에 대응하여 운전자의 법익침해를 최소화할 수 있는 대체 조치를 강구함이 없이 곧 바로 강력한 형사처벌로써 이를 간접강제하려는 것은 바람직하지 않다고 본다.

제4절 관련문제

Ⅰ. 음주측정불응죄의 문제점과 개선방안

1. 문제점

음주운전은 운전자 자신은 물론 다른 사람의 생명・신체・재산

주운전죄의 유죄 증거로 사용할 수 있도록 하고 있다(South Dakota v. Neville 459 U.S. 553(1983), del Carmen, Criminal Procedure 3th ed., 1995, p.377). 그러나 우리의 헌법재판소는 이러한 처벌이 합목적성이 있다고 한다(헌법재판소 1997. 3. 27. 선고 96헌가11 결정).

26) 임종헌, 영장실질심사제도의 기본방향, 법률신문, 1997. 7. 7, 15면; 법률신문, 법원 음주측정거부 「卽審」회부 추진, 1997. 7. 10, 1면. 그러나 이에 대하여 음주운전의 현실적 심각성을 이유로 음주측정거부에 대한 즉심회부는 부당하다는 반론(김병화, 음주측정거부 즉심회부에 대한 반론, 법률신문, 1997. 7. 17, 15면)도 있다.

등에 심각한 침해를 가져올 위험이 크므로 형사처벌을 통해서라도 근절해야 할 문제임에 틀림없다. 따라서 교통안전과 위험방지의 필요성이 있을 때에는 경찰공무원이 음주운전 여부를 측정하고 법이 정한 기준을 초과한 상태에서의 운전임이 밝혀지면 더 이상 음주상태에서의 운전을 하지 못하도록 할 필요도 있다.

그러나 도로교통법 제41조 제2항 후단과 같이 음주운전의 증거를 확보하기 위한 수사의 일환으로서 경찰공무원에게 영장없이 수사상 검증이라고 볼 수 있는 음주측정권을 부여하고, 이에 불응한 경우에는 음주운전과 동일한 법정형으로 처벌하는 것으로 犯罪必罰의 목적은 달성할 수 있을 것이다. 이는 마치 살인에 사용한 흉기를 증거로 제출하라는 경찰공무원의 요구에 불응하는 범죄자를 살인죄와는 별도로 '증거제출을 거부한 죄'로 처벌하는 것이나 다름이 없어서, 설혹 진술거부권을 침해한 것은 아니라고 하더라도 적법절차의 원칙에 반하는 것이라 하지 않을 수 없다.

또한 술에 약하여 혈중알콜농도 0.05%에도 미치지 못하는 맥주 1잔 정도를 마셔도 얼굴이 붉어지며 말투가 흐려지는 사람의 경우 경찰공무원의 입장에서는 '술에 취하여 운전하였다고 인정되는 상당한 이유'가 있다고 볼 여지가 있는데, 이러한 상황에서의 경찰공무원의 측정요구에 대하여 본인은 분명히 법에 정한 술에 취한 상태에 있지 않다고 확신하고 측정에 불응한 때에도 음주운전이 아니면서도 음주측정불응죄로서 극단적으로 2년의 징역에 처할 수 있는데 이는 과잉처벌이라고 하지 않을 수 없다.

2. 개선방안

그렇다면 음주측정 불응자에 대하여 형사처벌을 하지 않고도 음주운전의 증거확보가 가능하도록 대안이 제시되어야 할 것인데, 강제채혈을 통한 검사[27]와 측정불응행위를 재판시 음주운전죄의 증거로 사용할 수 있도록 하는 방법을 생각해 볼 수 있다.

혈액의 강제채취는 호흡측정보다는 상대적으로 위험성이 크지만 측정에 불응하여 2년 이하의 징역형을 부과받는 경우에 비추어보면 그 법익침해의 위험성이 상당히 적다고 생각한다[28]. 따라서 입법적으로 음주측정불응죄는 폐지하고, 음주측정 불응자에 대하여는 일정한 조건하에서의 혈액의 강제채취를 허용하는 조항을 신설하는 것이 바람직 할 것이다. 이러한 규정이 없는 현재로서는 위에서 언급한 바와 같이 형사소송법상 압수·수색절차를 활용하여 원칙적으로는 사전영장을 받아 강제채혈을 하고, 체내 알콜이 소거되어 증거인멸의 긴급성이 있는 경우에는 긴급압수·수색 또는 무영장 압수·수색절차[29]를 통하여 채혈하는 것이 옳다고 본다.

---

27) 독일 형사소송법 제81a조.

28) 검사에 요구되는 혈액의 양은 5cc내외로 1회 헌혈시 320-400cc의 혈액이 채취된다는 점과 비교하면 소량이다(문국진, 법의검시학, 청림출판, 1990, 465면 참조).

29) 미국에서는 슈메버 사건(이 사건은 피의자 Schmerber가 자신의 음주운전사고로 상처를 입어 치료받고 있던 중 병원에서 음주운전 혐의로 체포되었는데, 이 때 경찰관의 지시에 따라 피의자의 반대에도 불구하고 체액채취에 관한 영장없이 동 병원의 의사가 혈액을 강제추출한 사안이다: Schmerber v. California, 384 U.S. 757(1966))을 계기로 음주운전자의 무영장 혈액채취가 일정한 조건하에서 광범위하게 허용되고 있다.

한편으로 운전자가 호흡측정에 불응하고, 강제채혈에도 격렬하게 저항하여 사실상 채혈이 불가능하게 되는 경우도 생각해 볼 수 있다. 이러한 경우라고 하더라도 음주측정불응죄로 처벌하는 것은 바람직하지 않다. 그렇다고 하여 행정질서벌인 범칙금을 부과하거나 면허취소·면허정지와 같은 행정처분에 처하는 것[30]만으로 대응하게 되면 국가의 법집행에 순응한 사람은 상대적으로 무거운 형벌을 받는데 반하여 이에 끝까지 불응한 사람은 가벼운 처벌받게 되어 부당하다. 그러므로 이 경우에는 강제채혈에 거부하는 행위를 '음주운전죄'의 유죄 증거로 사용할 수 있도록 입법화함으로써 해결하는 것이 타당하다고 본다.

Ⅱ. 음주측정불응죄의 위헌성 여부

음주측정불응죄에 관하여는 ① 도로교통법 제44조 제2항, 제150조 제2호 중 주취운전의 혐의자에게 주취여부의 측정에 응할 의무를 지우고 이에 불응한 사람을 처벌하는 부분이 헌법 제12조 제2항에서 보장하는 진술거부권을 침해하는 위헌조항인지 여부, ② 동조항이 헌법 제12조 제3항의 영장주의에 위배되는지 여부, ③ 동조항이 헌법 제12조 제1항의 적법절차 원칙에 위배되는지 여부, ④ 동 조항이 양심의 자유, 인간의 존엄과 가치, 일반적 행동의 자유를 침해하는 것인지 등에 관하여 그 위헌성 여부가 논의된다.

1. 합헌설

다음과 같은 근거로 합헌설은 주장되고 있다[31].

---

30) 손기식, 앞의 책, 320면.

첫째, 헌법 제12조 제2항은 진술거부권을 보장하고 있으나, 여기서 '진술'이라함은 생각이나 지식, 경험사실을 언어를 통하여 표출하는 것을 의미하는데 반해, 도로교통법 제44조 제2항에 규정된 음주측정은 호흡측정기에 입을 대고 호흡을 불어넣음으로써 신체의 물리적, 사실적 상태를 그대로 드러내는 행위에 불과하므로 이를 두고 진술이라 할 수 없고, 따라서 음주운전의 혐의자에게 호흡측정기에 의한 주취여부의 측정에 응할 것을 요구하고 이에 불응할 경우 처벌한다고 하여도 이는 형사상 불리한 진술을 강요하는 것에 해당한다고 할 수 없으므로 헌법 제12조 제2항의 진술거부권조항에 위배되지 아니한다.

둘째, 도로교통법 제44조 제2항에 규정된 음주측정은 성질상 강제될 수 있는 것이 아니며 궁극적으로 당사자의 자발적 협조가 필수적인 것이므로 이를 두고 법관의 영장을 필요로 하는 강제처분이라 할 수 없다. 따라서 이 조항이 주취운전의 혐의자에게 영장없는 음주측정에 응할 의무를 지우고 이에 불응한 사람을 처벌한다고 하더라도 헌법 제12조 제3항에 규정된 영장주의에 위배되지 아니한다.

셋째, 음주운전 방지와 그 규제는 절실한 공익상의 요청이며 이를 위해서는 음주측정이 필수적으로 요청되는 바, 어떤 유형의 음주측정을 어떻게 관철시킬 것인가는 각 나라의 음주문화, 필요한 의료시설·법집행장치의 구비정도, 측정방법의 편이성 및 정확성, 국민의 정서 등 여러 가지 요소들을 고려하여 합리적으로 결정하여야 할 것이다. 이 조항은 위 여러 요소들을 고려한 것으로서 추구하는 목적의 중대성(음주운전 규제의 절실성), 음주측정의 불가피성(주취운

31) 헌법재판소 1997. 3. 27. 선고 96헌가11 결정.

전에 대한 증거확보의 유일한 방법), 국민에게 부과되는 부담의 정도(경미한 부담, 간편한 실시), 음주측정의 정확성문제에 대한 제도적 보완(혈액채취 등의 방법에 의한 再測定 보장), 처벌의 요건과 처벌의 정도(측정불응죄의 행위주체를 엄격히 제한) 등에 비추어 합리성과 정당성을 갖추고 있으므로 헌법 제12조 제1항의 적법절차원칙에 위배된다고 할 수 없다.

넷째, 헌법이 보호하려는 양심은 어떤 일의 옳고 그름을 판단함에 있어서 그렇게 행동하지 아니하고는 자신의 인격적인 존재가치가 허물어지고 말 것이라는 강력하고 진지한 마음의 소리이지, 막연하고 추상적인 개념으로서의 양심이 아니다. 음주측정요구에 처하여 이에 응하여야 할 것인지 거부해야 할 것인지 고민에 빠질 수는 있겠으나 그러한 고민은 선과 악의 범주에 관한 진지한 윤리적 결정을 위한 고민이라 할 수 없으므로 그 고민 끝에 어쩔 수 없이 음주측정에 응하였다 하여 내면적으로 구축된 인간 양심이 왜곡·굴절된다고 할 수 없다. 따라서 이 조항이 헌법 제19조에서 보장하는 양심의 자유를 침해하는 것이라고 할 수 없다.

다섯째, 음주운전으로 야기될 생명·신체·재산에 대한 위험과 손해의 방지라는 절실한 공익목적을 위하여 더욱이 주취운전의 상당한 개연성이 있는 사람에게 부과되는 제약이라는 점을 생각하면 그 정도의 부담을 두고 인간으로서의 인격적 주체성을 박탈한다거나 인간의 존귀성을 짓밟는 것이라고는 할 수 없으므로, 이 조항이 헌법 제10조에 규정된 인간의 존엄과 가치를 침해하는 것이 아니다.

여섯째, 이 조항에 의하여 일반적 행동의 자유가 제한될 수 있으나, 그 입법목적의 중대성, 음주측정의 불가피성, 국민에게 부과되는 부담의 정도, 처벌의 요건과 정도에 비추어 헌법 제37조 제2항의 과잉금지의 원칙에 어긋나는 것이라고 할 수 없으므로, 이 조항은 헌법 제10조의 규정된 행복추구권에서 도출되는 일반적 행동의 자유를 침해하는 것이라고도 할 수 없다.

2. 위헌설

다음과 같은 근거로 위헌설이 주장되고 있다[32].

첫째, 헌법 제12조 제2항은 형사책임에 관하여 자기에게 불리한 진술을 강요당하지 아니할 것을 국민의 기본권으로 보장하고 있다. 이러한 진술거부권은 주취상태로 운전을 하고 있어 장차 형사피의자나 피고인이 될 가능성이 있는 자에게도 보장되는 것이고, 자기에게 불리한 내용의 진술은 고문 등 폭행에 의한 진술강요 뿐만 아니라 법률에 의한 진술강요도 허용되지 않는다. 이 조항은 교통안전과 위험방지와는 관계없이 운전자가 술에 취한 상태에서 운전하였다고 인정할 만한 상당한 이유가 있기만 하여도 음주측정을 요구할 수 있도록 하고 그 측정을 거부하면 형벌로써 처벌하는 것인데, 이미 발생한 음주운전이라는 범죄행위에 대한 수사를 위한 음주측정권한을 경찰공무원에게 부여한 뒤 이에 불응할 경우 처벌하는 것은 법률이 범법자에게 자신의 범법상태를 수사기관의 요구에 따라 그대로 현출할 것을 규정하고 그 위반시 처벌하는 벌칙을 규정하는 것은 결국 국민의 기본권인 진술거부권을 침해하는 것이 된다.

둘째, 도로교통법은 도로에서 일어나는 교통상의 모든 위험과 장해를 방지·제거하여 안전하고 원활한 교통을 확보하기 위한 목적으로 제정된 법률이므로, 동법에 따라 국민의 기본권을 제한함에 있

32) 대전지방법원 1996. 4. 2. 선고 95고단3580 결정.

어서는 그 제정목적의 범위내에서 필요한 최소한의 제한에 그쳐야 한다. 따라서 경찰공무원의 음주측정권한은 교통안전과 위험방지의 필요성이 있을 때에 한하여 예방적 행정행위로서만 인정되어야 할 것인데도, 이를 초과하여 이미 발생한 주취운전행위에 대한 수사권한의 일환으로서의 음주측정권한까지 경찰공무원에게 부여한 것은 헌법 제37조 제2항이 규정하는 기본권 제한의 원칙에 반한다.

3. 결 어

음주측정불응죄중 도로교통법 제44조 제2항 전단의 교통안전과 위험방지의 필요성에 따른 경우에는 예방적 경찰활동으로서 허용되어야 한다는 점에는 이론이 없다. 그러나 동조 후단이 정하는 바와 같이 음주운전을 하였다고 인정되는 상당한 이유가 있는 자에 대하여 음주운전의 증거를 확보하기 위한 수사로서 행하는 음주측정은 이에 불응한 경우 형벌에 처할 수 있다는 점을 고려할 때 명백히 수사상의 검증이라고 보아야 하므로 형사소송법상의 검증절차에 따라 원칙적으로[33] 영장을 필요로 한다고 보아야 한다[34]. 그런데 도로교통법은 이 경우 경찰공무원에게 영장없이 검증할 수 있는 근거를 제공하고 있다.

이에 대하여 헌법재판소는 음주측정은 성질상 강제될 수 있는 것이 아니며 궁극적으로 당사자의 자발적 협조가 필수적인 것이라는 이유로 이 조항이 영장주의에 위배되지 않는다고 한다. 그러나 물리

33) 사후영장(형사소송법 제216조 제3항) 또는 무영장(형사소송법 제216조 제1항 제2호) 검증도 있을 수 있다.

34) 같은 취지: 신동운, 형사소송법, 법문사, 2007, 232면.

적 강제에 의한 경우만이 아니라 그 처분으로 피처분자의 법익이 침해되는 것은 모두 강제처분이다[35]. 따라서 음주측정이 성질상 '물리적' 강제의 여지가 없다고 하더라도, 측정에 불응한 경우에는 동법 제107조의2 제2호가 형벌을 부과하고 있다는 점에서 강제처분이라고 하지 않을 수 없으므로 영장주의에 반한다고 보아야 할 것이다[36].

또한 재측정의 기회가 보장되어 있기 때문에 적법절차 원칙에 반하지 않는다는 논리도 수긍하기 어렵다. 도로교통법 제41조 제3항이 "……운전자의 동의를 얻어 혈액채취 등의 방법으로 다시 측정 '할 수' 있다." 고 규정하고 있어서 재측정의 기회가 '보장'되어 있다고 볼 수 없을 뿐 아니라 실무상 경찰공무원이 운전자의 혈액채취 요구에 당연히 응하고 있는 것도 아니기 때문이다.

Ⅲ. 음주측정불응죄와 음주운전죄의 죄수

음주운전 혐의자가 경찰공무원의 음주측정에 불응하여 음주측정불응죄의 기수가 된 다음 음주측정에 응하여 술에 취한 상태에서의 운전이 확인된 경우 양죄의 罪數가 문제가 된다.

여기에 관하여는 음주측정불응죄는 음주운전죄와 전혀 다른 입법취지를 갖고 있는 별도의 죄이므로 두 죄가 실체적 경합범의 관계

---

35) 같은 취지: 이재상, 신형사소송법, 박영사, 2007, 209면.

36) 음주측정불응에 대하여 형사처벌 조항만 없다면 ① 호흡측정이 운전자의 자발적 협조가 필수적이고, ② 피측정자에게 주는 신체적, 시간적 부담보다는 음주운전의 방지를 향한 공익상의 요청이 더 크며, ③ 모든 호흡측정(측정결과 혈중알콜농도가 0.05%에 미치지 못한 경우)에 사후영장을 받는 것도 수사실무상 상당한 어려움이 있다는 점을 고려할 때 동법 제44조 제2항 후단을 이유로 하는 음주측정도 강제처분이 아니라 임의제출의 형식을 띤 임의수사로 보아도 무방할 것이다.

에 있다는 견해가 있다[37]. 판례도 이 입장을 취하고 있다.

> [주취운전과 음주측정거부의 죄수관계] 구 도로교통법 제107조의2 제2호 음주측정불응죄의 규정 취지 및 입법 연혁 등을 종합하여 보면, 주취운전은 이미 이루어진 도로교통안전침해만을 문제삼는 것인 반면 음주측정거부는 기왕의 도로교통안전침해는 물론 향후의 도로교통안전 확보와 위험 예방을 함께 문제삼는 것이고, 나아가 주취운전은 도로교통법시행령이 정한 기준 이상으로 술에 '취한' 자가 행위의 주체인 반면, 음주측정거부는 술에 취한 상태에서 자동차 등을 운전하였다고 인정할 만한 상당한 이유가 있는 자가 행위의 주체인 것이어서, 결국 양자가 반드시 동일한 법익을 침해하는 것이라거나 주취운전의 불법과 책임내용이 일반적으로 음주측정거부의 그것에 포섭되는 것이라고는 단정할 수 없으므로, 결국 주취운전과 음주측정거부의 각 도로교통법위반죄는 실체적 경합관계에 있는 것으로 보아야 한다. (대법원 2004. 11. 12. 선고 2004도5257 판결)

그러나 도로교통법에 제44조 제2항 후단을 신설하여 음주운전 수사에 불응하는 자를 처벌하고자 하는 것은 음주운전죄의 입증이 곤란할 경우를 대비하기 위한 것이어서 음주측정불응죄와 음주운전죄는 선택적 관계에 있다고 보아야 할 것이다.

또한 일정한 시간이 경과한 후에 측정에 응한 경우는 끝까지 측정에 불응한 경우보다는 불법의 정도가 약하다. 그럼에도 양죄를 실

---

37) 봉욱, 앞의 논문, 272면.

체적 경합범으로 처벌하게 되면 끝까지 측정에 불응한 경우가 궁극적으로 측정에 응한 경우보다도 가벼운 처벌을 받게 되어서 부당하지 않을 수 없다.

뿐만 아니라 현행법이 양죄를 동일한 법정형으로 정하고 있는 데에 비추어 보더라도 일단 음주측정불응죄가 성립한 경우에는 별도로 음주운전죄로 처벌하지 않는 것이 타당하다고 생각된다. 이 문제는 결국 입법적으로 해결하는 것이 바람직하겠으나 그 전이라도 실무적으로 음주측정불응죄가 이미 성립된 경우에는 음주운전죄로 기소하지 않는 것이 과잉처벌의 방지라는 측면에서 옳다고 본다.

제4장 음주운전의 수사

제1절 음주측정

Ⅰ. 호흡측정

1. 호흡측정의 보충성

도로교통법은 혈중알콜농도의 형식적 수치만을 기준으로 음주운전 여부를 판단하는 방법을 택하고 있고[1] 같은 법 제44조 제2항이 "경찰공무원(자치경찰공무원을 제외한다. 이하 이 항에서 같다)은 교통의 안전과 위험방지를 위하여 필요하다고 인정하거나 제1항의 규정을 위반하여 술에 취한 상태에서 자동차등을 운전하였다고 인정할 만한 상당한 이유가 있는 때에는 운전자가 술에 취하였는지의 여부를 호흡조사에 의하여 측정할 수 있다."고 규정하고 있으므로, 측정은 1차적으로 호흡측정에 의하게 된다.

그러나 도로교통법 제44조 제2항이 호흡측정을 규정하고 있다고 하여 술에 취한 상태에 있는가 여부를 호흡측정기에 의한 측정 결과만으로 확정하여야 한다는 의미는 아니라고 보아야 할 것이다. 왜

1) 보행검사, 필기검사, 언어검사는 운전자의 사실상의 운전불안상태는 점검할 수 있을지언정 혈중알콜농도를 수치적으로 나타내지는 못하므로 여기서 말하는 '측정'에 해당되지 않는다.

냐하면 동법 제44조 제4항은 제1항의 규정에 따라 운전이 금지되는 술에 취한 상태의 기준을 '혈중알콜농도가 0.05퍼센트 이상'으로 정하고 있기 때문이다. 즉, 현행 도로교통법은 구법[2]이나 일본 도로교통법[3]과는 달리 술에 취한 상태는 '혈중' 알콜농도가 0.05% 이상인 상태를 말하고 호흡측정의 기준에 관하여는 언급이 없기 때문이다.

또한 아래에서 살펴 보는 바와 같이 호흡측정기에 의한 측정에 있어서도 기기자체의 부정확성[4]과 화학적・생물학적 요인[5]에 의한

---

2) 도로교통법 시행령이 1989년 10월 20일(대통령령제12826호)로 개정되기 전의 구 도로교통법 시행령 제30조에서는 술에 취한 상태의 기준을 "혈액 1밀리리터에 대하여 알콜 0.5밀리그램이상 호흡 1리터에 대하여 알콜 0.25밀리그램이상"으로 정하여 혈중알콜농도 기준뿐만 아니라 호흡측정의 기준도 제시하고 있었다.

3) 일본 도로교통법 시행령 제44조의3은 '혈액 1㎖당 0.3㎎ 또는 呼氣 1ℓ당 0.15㎎'을 술에 취한 상태로 규정하고 있다.

4) 호흡측정기는 呼氣중의 알콜 양으로부터 혈중알콜농도를 산출하는 것이기 때문에 기본적으로 기기자체의 불량, 기기에 불어 넣는 呼氣의 양, 측정기내의 알콜 소거시간, 측정시의 기기의 온도에 따라 오차가 발생할 여지가 있으며, 실제 음주운전단속에 있어서 많은 논쟁이 있는 부분이다. 혈액검사에서의 혈중알콜농도는 0.33%인데 호흡측정기상의 수치는 0.84%로 약 2.5배의 차이를 보이는 경우도 있으며(서울고등법원 1994. 2. 2. 선고 93구20032 판결), 심지어는 혈액검사에서는 전혀 알콜이 검출되지 않음에도 호흡측정기에서는 0.05%가 측정되는 경우도 발견된다(헌법재판소 1992. 6. 26. 선고 92헌마7 결정).

5) 구강내의 알콜이 완전히 소거되었다고 하더라도 호흡측정기는 알콜이 위장관에서 완전히 흡수된 상태(postabsorptive state)에서의 체액과 평형상태를 이루고 있을 때의 비율(혈액:호흡=2100:1)을 이용하여 呼氣중 알콜측정치로부터 혈액중 알콜을 추산하기 때문에, 혈액과 呼氣의 비율이 일정하지 않는 상태, 즉 알콜이 위장관에 흡수되는 상태(absorptive state)에 측정한 呼氣중의 알콜농도로부터 산정된 혈중알콜농도는 실제 알콜농도를 정확하게 반영하지 못한다고 한다. 통상 '알콜이 위장관에

오차의 발생가능성이 명확히 상존한다는 점을 고려하면 경찰관의 호흡측정요구는 음주운전죄의 사실관계를 확정지우기 위한 1차적인 요청이며, 호흡측정이 현실적 편의성이나 피검사자에게 끼치는 법익침해가 상대적으로 덜 하기 때문에 사실상 경찰공무원에 의하여 그렇게 활용되고 있는 것뿐이라고 본다.

2. 호흡측정의 부정확성

일반적으로 음주운전의 수사에 있어서는 1차적으로 알콜호기측정기가 이용된다. 호흡기중의 알콜농도를 측정하는 방법에는 여러 가지가 있으나, 대개 휴대하기 쉽고 적은 양의 호흡기로도 알콜농도를 산정하여 짧은 시간 안에 결과가 수치로 표시되는 장점이 있는 전기화학적 감지기(electrochemical sensor)를 이용한 측정이 널리 이용되고 있다[6]. 이 문제는 측정기 자체의 한계에 따른 오차와 생물학적 요인에 의한 오차의 문제로 나누어 볼 수 있다.

흡수되는 상태'는 음주후 대개 30분 내지 90분정도인데 운전자가 교통경찰공무원에 의해 음주측정을 요구받을 때에는 대개의 경우 이 상태에 있게 됨으로써 실제 혈중알콜농도보다 심지어 2배 이상 높게 나올 수도 있다고 한다(채범석, 호기중 알콜농도측정(Breath Alcohol Measurement)에 대한 고찰, 서울의대 생화학교실, 1989. 10, 2면).

6) Dubowski K.M., Alcohol determination in the clinical laboratory, Am J Clin Pathol 74, 1980, pp.747～750; Jones A.W., Electrochemical measurement of breath-alcohol concentration:precision and accuracy in relation to blood levels, Clin Chim Acta 146, 1985, pp. 175～183; 채범석, 앞의 논문, 1면.

(1) 측정기의 한계에 따른 오차

전기화학적 호기중 알콜감지기는 호흡기중의 알콜의 양으로부터 혈중알콜농도를 산출하는 것이기 때문에 기본적으로 기기자체의 불량, 기기에 불어 넣는 호기의 양, 측정기 내의 알콜 소거시간, 측정시의 기기의 온도에 따라 오차가 발생할 여지가 있으며, 실제 음주운전단속에 있어서 많은 논쟁이 있는 부분이다[7].

호기량을 일정하게 하기 위하여 풍선이 등장하기도 하며, 최근에는 기기자체가 일정양의 호기만을 자동적으로 받아들이는 것(Alco-Sensor Ⅳ)도 사용되고 있다. 그리고 정확한 측정을 위하여는 전회의 측정 후 그 호기가 기기로부터 완전히 소거된 후에 차회의 측정을 하여야 하므로 충분한 소거시간[8]이 확보되어야 한다. 또한 기기는 정상적 작동을 위하여 적정온도[9]를 요구하므로 측정시의 기기의 온도가 그 범위내에 있을 것을 요한다.

(2) 생물학적 요인에 의한 오차

측정기에 의한 오차도 문제이지만 생물학적 요인에 의한 오차, 즉

---

7) 혈액검사에서의 혈중알콜농도는 0.33%인데 호기음주측정기상의 수치는 0.84%로 약 2.5배의 차이를 보이는 경우도 있으며(서울고판, 1994. 2. 2, 93구20032), 심지어는 혈액검사에서는 전혀 알콜이 검출되지 않음에도 호기음주측정기에서는 0.05%를 기록하는 경우도 발견된다(헌법재판소 1992. 6. 26. 선고 92헌마7 결정).

8) 기기에 따라 차이가 있으나 대개 1회 측정으로부터 2-5분이 경과하여야 기기내의 알콜이 모두 소거된다.

9) 기기에 따라 영하 18℃에서도 정상작동을 할 수 있으나 영하에서는 비정상적인 작동을 하는 경우도 있으며, 40℃이상에서는 비정상적으로 작동하기도 한다.

음주후 시간경과에 따른 혈중알콜농도와 호기중 알콜농도의 변화상태를 고려하지 않은 데서 기인된 오차가 더 큰 문제가 된다[10].

즉, 호기중 알콜농도 측정치로부터 산정된 혈중알콜농도의 정확도는 알콜이 위장관에서 흡수되는 동안(Absorptive state)에 측정되었는지 혹은 알콜이 위장관에서 완전히 흡수되고 난 후(Postabsorptive state)에 측정되었는지의 여부에 따라, 다시 말하자면 혈중알콜농도가 증가하고 있는 중에 측정하였는지 감소하고 있는 중에 측정하였는지에 따라 크게 영향을 받는다[11]. 특히 알콜이 위장관에서 흡수되는 동안(Absorptive state)에 측정하였을 때에는 호기중 알콜농도로부터 산정된 혈중알콜농도가 실제 혈중알콜농도보다 심지어 2배 이상 높게 나올 수도 있으며[12], 알콜이 위장관에서 완전히 흡수되고 난 후(Postabsorptive state)에 측정한 경우에 있어서도 23%에서 실제 혈중알콜농도보다 높게 나왔다고 보고되고 있다[13].

10) Simpson G., Accuracy and precision of breath-alcohol measurements for a random subject in the postabsorptive state, Clin Chem 33(2), 1987, pp.261～268.

11) Simpson G., Accuracy and precision of breath-alcohol measurements for subjects in the absorptive state, Clin Chem 33(6), 1987, pp.753～756; 채범석, 앞의 논문, 1면.

12) Simpson G., Accuracy and precision of breath-alcohol measurements for subjects in the absorptive state, Clin Chem 33(6), 1987, pp.753～756에서는 2배이상; Jones A.W., Variability of the blood : breath ratio in vivo, JStud Alc 39, 197, pp.1931～1939에서는 75%; Martin E., The pharmacokinetics of alcohol in human breath, venous, and arterial blood after oral ingestion, Eur J Clin Pharmacol 26, 1984, pp.619～626에서는 90%.

13) Simpson G., Accuracy and precision of breath-alcohol measurements for subjects in the absorptive state, pp.753～756.

그런데 알콜이 위장관에 흡수되는 상태(Absorptive state)는 음주 후 대개 30분 내지 90분정도이므로[14], 음주운전시 운전자가 교통경찰관에 의해 알콜농도를 측정받을 때에는 대개의 경우 이 상태에 있게 된다. 그렇지만 대부분의 측정기는 알콜이 위장관에서 완전히 흡수되고 난 후(Postabsorptive state) 체액과 평형상태를 이루고 있을 때의 비율[15]을 이용하여 호기중 알콜측정치로부터 혈중알콜을 산정하기 때문에, 혈액과 호기의 비율이 일정하지 않는 알콜이 위장관에 흡수되는 동안(Absorptive state) 측정한 호기중의 알콜농도로부터 산정된 혈중알콜농도는 실제 알콜농도를 정확하게 반영하지 못하는 것이다.

따라서 혈중알콜농도를 측정함에 있어서 실무상 호기중 알콜농도를 이용하여 혈중알콜농도를 산정하는 방법에만 의존하는 것은 바람직하지 못하나 그 편익성을 고려할 때 측정기기의 원리, 정확도 등에 관한 실증적 연구가 요망된다.

[호흡기측정결과의 부정확성] ① 음주측정을 함에 있어서는 음주측정 기계나 운전자의 구강 내에 남아 있는 잔류 알콜로 인하여 잘못된 결과가 나오지 않도록 미리 필요한 조치를 취하는 등 음주측정은 그 측정결과의 정확성과 객관성이 담보될 수 있는 공정한 방법과 절차에 따라 이루어져야 하고, 만약 당해 음주측정 결과가 이러한 방법과 절차에 의하

14) 채범석, 앞의 논문 2면.

15) Postabsorptive에서의 Blood : Breath의 비는 대개 2100 : 1이라고 한다(Dubowski K., Recent development in alcohol analysis(review), Alcohol Drugs Driving 2, 1986, pp.13～46; 채범석, 앞의 논문 2면).

여 언어진 것이 아니라면 이를 쉽사리 유죄의 증거로 삼아서는 아니 될 것이다. (대법원 2006. 5. 26. 선고 2005도7528 판결)[16]

② 음주측정기상 나타난 0.167%의 주취상태라면 통상 보행이 비정상적이고 사고 · 판단 · 주의력 등이 산만하여 언어가 불명확하고 사고력이 감퇴되는 등의 현상이 나타나야 함에도 단속경찰관의 음주측정정황 관찰보고서에 의하면 단속 직후에도 안면과 눈에 충혈상태가 없고 직립능력 및 보행상태가 정상적이고 용모복장도 단정하며 언행 상태도 정상적이고 다만 말이 많은 정도였다면 위 음주측정기의 측정수치를 믿을 수 없다. (대법원 1997. 9. 12. 선고 97도1554 판결)

이러한 점을 인식하는 한 도로교통법상 음주운전죄의 확정은 궁극적으로 혈액검사에 의하여야 하는 것이 원칙이며, 운전자가 호흡측정에 동의하여도 수차에 걸친 측정 수치가 다른 경우에는 그 중 가장 낮은 수치를 적용하여야 할 것이다.

Ⅱ. 혈액측정

이와 관련하여 현행 도로교통법 제44조 제3항은 “제2항의 규정에 의하여 술에 취하였는지의 여부를 측정한 결과에 불복하는 운전자에 대하여는 그 운전자의 동의를 얻어 혈액채취 등의 방법으로 다

16) 피고인에 대한 음주측정시 구강 내 잔류 알콜 등으로 인한 과다측정을 방지하기 위한 조치를 전혀 취하지 않았고, 1개의 불대만으로 연속적으로 측정한 점 등의 사정에 비추어, 혈중알콜농도 측정치가 0.058%로 나왔다는 사실만으로는 피고인이 음주운전의 법정 최저 기준치인 혈중알콜농도 0.05% 이상의 상태에서 자동차를 운전하였다고 단정할 수 없다고 한 판례이다.

시 측정할 수 있다.”는 조항을 1995년 1월 5일(법률 제4872호)로 신설하여 호흡측정에 불복한 운전자에게 혈액검사를 통한 재측정의 여지를 인정하고 있다.

다만 대법원은 “경찰공무원이 운전자에게 호흡측정의 결과를 제시하여 확인을 구하는 때로부터 상당한 정도로 근접한 시점에 한정된다 할 것이고, 운전자가 정당한 이유 없이 그 확인을 거부하면서 시간을 보내다가 위 시점으로부터 상당한 시간이 경과한 후에야 호흡측정 결과에 이의를 제기하면서 혈액채취의 방법에 의한 측정을 요구하는 경우에는 이를 정당한 요구라고 할 수 없다.”고 하여 운전자가 혈액채취의 방법에 의한 주취정도의 측정요구 시한을 한정하고 있다[17)][18)].

그런데 위에서 언급한 호흡측정기에 의한 측정의 문제점을 고려한다면 이 규정은 적극적으로 해석되어야 한다. 즉 호흡측정기에 의한 측정 결과에 불복하여 혈액채취를 통한 검사를 희망하는 운전자에게 경찰공무원이 그의 재량으로 혈액검사 허용여부를 결정하여서는 안된다. 따라서 운전자가 호흡측정의 결과에 불복하여 혈액검사를 요청하는 경우 경찰공무원이 반드시 혈액검사를 통한 재측정의

---

17) 대법원 2002. 3. 15. 선고 2001도7121 판결.

18) 경찰청의 교통단속처리지침에 의하면, 운전자가 호흡측정 결과에 불복하는 경우에 2차, 3차 호흡측정을 실시하고 그 재측정결과에도 불복하면 운전자의 동의를 얻어 혈액을 채취하고 감정을 의뢰하도록 되어 있고, 한편 음주측정 요구에 불응하는 운전자에 대하여는 음주측정 불응에 따른 불이익을 10분 간격으로 3회 이상 명확히 고지하고 이러한 고지에도 불구하고 측정을 거부하는 때 즉, 최초 측정요구시로부터 30분이 경과한 때에 측정거부로 처리하도록 되어 있는바, 이와 같은 처리지침에 비추어 보면 위 측정결과의 확인을 구하는 때로부터 30분이 경과하기까지를 일응 상당한 시간 내의 기준으로 삼을 수 있을 것이다.

기회를 부여하여야 한다고 본다.

[신체이상으로 호흡기측정이 불능한 경우] 경찰공무원은 운전자의 신체이상 등의 사유로 호흡측정기에 의한 측정이 불가능 하거나 심히 곤란한 경우에까지 그와 같은 방식의 측정을 요구할 수는 없으며, 이 경우 경찰은 호흡측정기에 의한 측정 절차를 생략하고 운전자의 동의를 얻거나 판사로부터 영장을 발부받아 혈액채취에 의한 측정으로 나아가야 한다. (대법원 2006. 1. 13. 선고 2005도7125 판결)

Ⅲ. 혈액측정의 우월성

호흡측정기에 의한 음주측정치와 혈액검사에 의한 음주측정치가 다른 경우에 어느 음주측정치를 신뢰할 것인지가는 원칙적으로 법관의 자유심증에 의하여야 할 것이다. 그러나 호흡측정기에 의한 측정의 경우 그 측정기의 상태, 측정방법, 상대방의 협조정도 등에 의하여 그 측정결과의 정확성과 신뢰성에 문제가 있을 수 있다는 사정을 고려하면, 혈액의 채취 또는 검사과정에서 인위적인 조작이나 관계자의 잘못이 개입되는 등 혈액채취에 의한 검사결과를 믿지 못할 특별한 사정이 없는 한, 혈액검사에 의한 음주측정치가 호흡측정기에 의한 음주측정치보다 측정 당시의 혈중알콜농도에 더 근접한 음주측정치라고 보는 것이 경험칙에 부합한다고 본다[19].

따라서, 운전자가 음주측정기에 의한 측정 결과에 불복하면서 혈액채취 방법에 의한 측정을 요구하여, 이를 위하여 채취한 혈액이

19) 대법원 2004. 2. 13. 선고 2003도6905 판결.

분실되거나 오염되는 등의 사유로 감정이 불능으로 된 때에는 음주측정기에 의한 측정 결과가 특히 신빙할 수 있다고 볼 수 있는 때에 한하여 음주측정기에 의한 측정 결과만으로 음주운전 사실 및 그 주취 정도를 증명할 수 있을 것이다[20].

Ⅳ. 측정 장소

경찰공무원의 음주측정요구는 술에 취한 상태에서 운전하였다고 인정되는 상당한 이유를 발견한 현장에서 행하여져야 한다. 따라서 교통사고의 조사를 위하여 경찰서에 자진 출석하거나 체포된 상태 또는 사고의 치료를 위하여 병원에 있는 동안 경찰공무원이 음주측정의 필요성을 발견하였다면 경찰서 또는 병원이 현장이므로 그곳에서 음주측정을 요구할 수 있다. 경찰공무원이 음주운전자를 적발하기 위한 일제검문을 하는 경우에는 그 검문현장에서 요구하여야 하며 음주측정을 위하여 운전자를 인근의 경찰초소나 파출소, 경찰서로 동행하는 것은 음주측정기의 휴대성을 고려할 때 허용되어서는 아니된다고 본다[21].

제2절 혈중알콜농도의 역산

Ⅰ. 역산의 필요성

혈중알콜농도는 시간의 경과에 따라 변화하게 되므로 행위시의

20) 대법원 2002. 10. 11. 선고 2002두6330 판결.

21) 반대 견해로는 봉욱, 앞의 논문, 271면.

혈중알콜농도만이 문제가 되는 우리 법제하에서는 특히 수사의 적시성이 무엇보다도 요구된다. 그런데 음주운전으로 인한 교통사고가 발생된 경우나 운전자가 고의로 시간경과를 유도하는 경우 등에 있어서는 음주측정이 행위시보다 훨씬 경과된 시점에서 행하여지는 경우가 실무상 빈번히 있게 된다.

그러나 이러한 경우에 운전자의 행위시의 외관적 징표를 기초로 한 경험칙에 의하여 음주운전을 인정하는 것은 전술한 바와 같이 부당하다. 그렇다고 해서 행위시의 측정 이외의 방법을 모두 부정한다면 법적용의 형평이나 실무상의 사정을 고려할 때 이 또한 적절하지 못하므로 무엇인가 이러한 어려움을 해결할 수 있는 대안이 필요하게 되었다.

이와 관련하여 고안된 것이 '위드마크(Widmark) 공식[22)]'이며 1996년 6월 경찰이 음주 뺑소니 운전자 처벌을 위하여 이 공식을 사용한 이래, 현재 우리 법원도 이를 인정하고 있다.

Ⅱ. 위드마크 공식의 원리

위드마크 공식은 측정시의 혈중알콜농도를 기초로 소거율[23)] 등을 계산하여 사고시의 혈중알콜농도를 역산하는 방법이다[24)]. 알콜이

---

22) 위드마크 공식이란 1914년 독일인 위드마크가 창안한 계산방법으로 운전자가 사고전 섭취한 술의 종류와 음주한량, 체중, 성별을 조사하여 사고당시 주취상태를 계산한다. 개인에 따라 시간당 알콜 소거율이 0.008%~0.030%에 분포하는 점에 착안하여, 평균치인 시간당 0.015%씩 감소하는 것으로 역추산하게 된다.

23) 소거율이란 시간의 경과에 따라 체내에서 분해되어 없어지는 혈중 알콜함유량의 비율을 말한다.

체내에 흡수되었다가 분해되기까지 걸리는 시간은 피검사자의 체질과 평소 음주량, 마신 술의 종류 및 음주속도, 위장에 든 음식의 양, 음주 후 신체활동의 정도 등에 따라 개인마다 차이가 있어서 일률적으로 말할 수 없다.

> **[소거율 판단시 주의사항]** 소거율에 영향을 미칠 수 있는 각 요소들을 적용함에 있어 피고인이 평균인이라고 쉽게 단정하여서는 아니되고 필요하다면 전문적인 학식이나 경험이 있는 자의 도움을 받아 객관적이고 합리적으로 혈중알콜농도에 영향을 줄 수 있는 요소들을 확정하여야 할 것이다. (대법원 2004. 9. 24. 선고 2004도4408 판결)[25)]

그러나 시간당 혈중 알콜의 감소치는 대체로 0.03%에서 0.008% 사이라는 것은 이미 알려진 신빙성 있는 통계자료에 의하여 인정되는 바, 위와 같은 역추산 방식에 의하여 운전시점 이후의 혈중 알콜 분해량을 가산함에 있어서 시간당 0.008%는 피고인에게 가장 유리한 수치이므로 특별한 사정이 없는 한 이 수치를 적용하여 산출된 결과는 운전 당시의 혈중 알콜농도를 증명하는 자료로서 사용할 수 있다[26)].

---

24) 위드마크 공식 C= A/(P×R)= ㎎/10= %이다. 이 때 C=혈중알콜농도(%), A=운전자가 섭취한 알콜의 양(음주량×술의 농도%×0.7984), P=체중(㎏), R=성별계수(남자는 0.7, 여자는 0.6)이다.

25) 같은 취지: 대법원 2000. 10. 24. 선고 2000도3307 판결; 대법원 2000. 11. 10. 선고 99도5541 판결.

26) 대법원 2001. 8. 21. 선고 2001도2823 판결; 대법원 2005. 2. 25. 선고 2004도8387 판결.

Ⅲ. 위드마크 공식의 한계

일반적으로 혈중알콜농도는 최종음주시각으로부터 30~90분 사이에 혈중알코올농도가 최고수준에 이른 다음 시간당 0.008~0.03%의 범위 내에서 감소하기 시작하는 것으로 알려져 있다. 그렇다면 위드마크 공식에 의하여 적발 당시의 음주수치를 역추산하는 방법은 혈중알코올농도가 최고수준을 지나 감소하는 단계(Absorptive state)에서만 적용될 수 있고, 그와 달리 농도수치가 아직 상승하고 있는 단계에서 측정이 이루어진 경우에는 혈중알코올농도 감소치를 가산하는 방법으로 역추산하는 것이 허용될 수 없다.

[상승시인지 하강시인지 불명명한 경우의 역산] ① 음주운전 시점이 혈중알콜농도의 상승시점인지 하강시점인지 확정할 수 없는 상황에서 사후 측정수치에 혈중알콜농도 감소치를 가산하는 방법으로 산출한 혈중알콜농도가 처벌기준치를 약간 넘는다고 하여 음주운전시점의 혈중알콜농도가 처벌기준치를 초과한 것이라고 단정할 수 없다. (대법원 2001. 7. 13. 선고 2001도1929 판결)

② 음주운전 시각이 혈중알코올농도가 최고치를 향하여 상승하고 있는 상황에 속하는지 아니면 최고치에 이른 후 하강하고 있는 상황에 속하는지 확정할 수 없고 오히려 상승하는 상황에 있을 가능성이 농후한 경우에는, 그 음주운전 시점으로부터 상당한 시간이 경과한 후 측정한 혈중알코올농도를 기초로 이른바 위드마크 공식 중 시간경과에 따른 분해소멸에 관한 부분만을 적용하여 혈중알코올농도 측정시점으로부

> 터 역추산하여 음주운전 시점의 혈중알코올농도를 확인할 수는 없다 할 것이므로, 위와 같은 경우 그러한 위드마크 공식만을 적용한 역추산 방식에 의하여 산출해 낸 혈중알코올농도 수치는 해당 운전자에 대한 운전면허취소 등 행정처분의 기준이 될 수 없다. (대법원 2007. 1.11. 선고 2006두15035 판결)

따라서 특별한 사정이 없는 한, 역산은 '의심스러울 때에는 피의자의 이익으로(in dubio pro reo)'의 정신에 입각하여, 음주 후 혈중알코올농도가 최고수준에 이르기까지 일반적으로 소요되는 것으로 알려진 30~90분의 시간범위 가운데 피고인에게 가장 유리한 90분의 시간을 적용하여 위 음주운전단속시점부터 채혈시점까지가 음주종료 후 90분 이상 경과된 것으로 인정되어야만 위드마크 공식에 의한 역추산결과가 정당한 것으로 받아들여질 수 있다.

특히 이렇게 역산된 알콜농도가 형사처벌기준치인 0.05%에 근접해 있을 때에 처벌할 수 없는 것이고[27], 적어도 검찰의 구속기준치에 근접해 있을 경우에 있어서도 피의자에게 유리한 수치가 적용되어야 할 것이다.

> **[0.05%에 근접한 혈중알콜농도]** 피고인에게 가장 유리한 감소치를 적용하여 위드마크 공식에 따라 계산한 음주운전 적발시점의 혈중 알콜농도가 도로교통법상의 처벌기준인 0.05%를 넘는 0.051%이었으나, 사건발생시간을 특정하는 과정에서 발생하는 오차가능성 등의 여러 사정을 고려할 때 피고인의 운전 당시 혈중 알콜농도가 처벌기준치를 초과하였으

---

27) 같은 취지: 이한성, 음주운전의 강제수사, 법무연구, 1987, 40면.

리라고 단정할 수는 없다. (대법원 2005. 7. 28. 선고 2005도3904 판결[28])

[뒤늦은 역산결과의 증명력] 담당 경찰관이 호흡측정기에 의한 음주측정 결과 혈중알콜농도가 음주운전한계수치에 미달하자 운전자를 귀가시킨 후 뒤늦게 위드마크공식에 의한 역추산 방식을 이용하여 산출한 혈중알콜농도가 처벌기준치를 초과한다는 이유로 공소제기된 경우, 결과적으로 운전자로부터 혈액채취 방법에 의한 측정의 기회를 박탈한 것이라고 할 것이고, 이러한 경우에도 채취한 혈액이 감정불능된 때와 마찬가지로 음주측정기에 의한 측정결과가 특히 신빙할 수 있다고 볼 수 있는 때에 한하여 음주측정기에 의한 측정결과에 대하여 증명력을 인정할 수 있다. (서울지법 서부지원 2003. 6. 5. 선고 2002고단3245 판결)

Ⅳ. 역산의 구체적 사례

1. 대법원 2007. 1. 11. 선고 2006두15035 판결

이 사건 원고는 2005. 1. 29. 19:10 내지 19:50경 사이에 술을 마신 상태에서 같은 날 20:10경 자신의 자동차를 운전하였고, 같은 날 21:50경 호흡측정기에 의해 측정한 원고의 혈중알코올농도는 0.111%, 같은 날 23:25경 채취한 혈액을 감정 의뢰하여 측정한 원고의 혈중알코올농도는 0.144%이었다.

---

28) 같은 취지: 대법원 2005. 7. 14. 선고 2005도3298 판결.

약간의 개인차가 있기는 하나 통상 음주 후 30~90분이 경과하면 혈중알코올농도가 최고치에 이르고, 피고가 혈액감정에 의해 측정한 위 혈중알코올농도 0.114% 및 위 혈액채취시로부터 호흡측정기에 의한 측정 시까지의 95분을 기초로 이른바 위드마크 공식 중 시간경과에 따른 분해소멸에 관한 부분만에 의해 역추산하여 원고의 혈중알코올농도를 0.126%{=0.114%+0.012%(=0.008%×95분/60분)}로 인정하고 이를 기준으로 2005. 3. 9. 원고의 제1종 자동차운전면허는 취소되었다.

위에서 본 법리 및 여러 사실에 비추어 보면, 원고에게 가장 유리한 전제사실, 즉 최종 음주 후 90분이 경과한 다음 혈중알코올농도가 최고치에 이른다는 것을 기초로 계산할 경우, 원고의 혈중알코올농도가 최고치에 이르는 시점은 원고의 최종 음주시각인 위 같은 날 19:50경으로부터 90분이 경과한 위 같은 날 21:20경이라고 할 것이고 원고의 위 운전시점은 그로부터 70분 전이어서 혈중알코올농도가 상승하는 상황에 있었다.

그런데도 경찰당국이 역산한 원고의 위 혈중알코올농도 0.126%는 원고의 위 운전시점으로부터 195분이 경과한 후에 측정한 혈중알코올농도를 기초로 이른바 위드마크 공식 중 시간경과에 따른 분해소멸에 관한 부분만을 적용하여 역추산한 것이다. 더구나 원고의 위 운전시점의 혈중알코올농도를 역추산한 것도 아니어서 이 사건 처분의 기준이 될 수 없고, 달리 원고가 위 운전시점에 혈중알코올농도 0.1% 이상의 주취상태에 있었음을 인정할 증거가 없으므로, 이를 근거로 원고에 대하여 면허취소를 내린 것은 부적법하다.

2. 부산고등법원 2005. 4. 22. 선고 2004누4406 판결

원고는 2004. 4. 15. 23:37경 ○○○구 ○○○동 ○○○앞 도로에서 ○○○00. 0000 승용차를 운전하여 가던 중 음주단속을 하던 경찰관에게 적발되었다. 이 때 경찰관이 원고에게 음주측정기(호흡측정)에 의한 음주측정요구를 하였고, 그 측정된 결과는 혈중알콜농도 0.085%이었다. 원고는 마신 술에 비하여 음주수치가 너무 높게 나왔다고 생각하여 위 음주측정결과에 불복하면서 경찰관에게 혈액채취를 통한 음주측정을 요구하였다. 그래서 위 최초 음주측정시로부터 42분이 경과한 2004. 4. 16. 00:19경 ○○○구 ○○○동 ○○○병원 응급실에서 원고의 혈액을 채취하여 국립과학수사연구소에 감정을 의뢰한 결과 그 혈중알콜농도는 0.116%이었다.

피고는 위 음주단속시로부터 채혈측정시까지의 위드마크수치(0.005%=0.008%×42 분/60분)를 더하여 위 운전 당시 원고의 혈중알콜농도를 0.121%로 인정하고, 2004. 5. 13. 도로교통법 제78조 1항 제8의2호, 제41조 1항, 같은법시행규칙 제53조 1항 [별표 16]의 2.에 의하여 위 자동차운전면허를 취소한다는 처분(이하 '이 사건 처분'이라 한다)을 하였다.

이 사건 호흡측정에 의한 음주수치가 0.085%이고, 그로부터 약 42분이 경과한 후 이루어진 이 사건 혈액채취에 의한 음주수치가 그보다 0.031%나 높은 수치로 나온 점 등에 비추어 보면, 호흡측정기의 사용방법에 따른 오차의 발생가능성을 감안한다고 하더라도(이 사건에서 호흡측정에 의한 음주측정방법에 오류가 있었다고 볼만한 사정은 보이지 않는다), 호흡측정시점 이후에도 원고의 혈중알콜농도가 계속하여 상승하고 있었을 가능성이 매우 높다고 할 것이다.

따라서 이 사건에 있어서는 호흡측정에 의한 혈중알콜농도 0.085%를 원고의 이 사건 운전 당시 혈중알콜농도로 봄이 상당하다고 할 것이다(결국 음주운전을 단속하는 경찰로서는, 이 사건과 같이 혈액채취에 의한 음주수치가 호흡측정에 의한 음주수치보다 상당히 높은 경우에는, 만연히 혈액채취에 의한 음주수치의 정확성만을 내세울 것이 아니라, 운전자의 운전당시 혈중알콜농도가 상승하고 있었을 가능성을 염두에 두고 운전자가 주장하는 최종 음주시점 등에 대하여 보다 면밀한 조사를 하여야 한다고 할 것이다).

이 사건 음주단속 당시 원고의 혈중알콜농도가 도로교통법 시행규칙이 정하는 운전면허취소기준인 0.1%를 하회하고 있었던 것으로 보이는 점, 원고가 1992. 운전면허를 취득한 이후 지금까지 음주운전이나 교통사고의 전력이 없는점, 그리고 원고의 직업상 운전의 필요성이 어느 정도 현저하다고 보여지는 점 등 이사건 변론에 나타난 모든 사정을 참작하면, 음주운전으로 인한 교통사고를 방지할 공익상의 필요를 감안하더라도 이 사건 처분은 그 위반행위에 비하여 행정처분의 당사자에게 지나치게 가혹하여 재량권의 범위를 벗어난 것으로서 위법한 처분이라고 할 것이다.

제3절 음주측정거부자에 대한 강제채혈

Ⅰ. 강제채혈의 필요성

혈중알콜농도의 판단에 있어서는 호흡측정보다는 채혈측정이 정확성에 있어서 우월성이 있다는 점은 앞에서도 살펴본 바와 같다.

또한 앞에서 살펴본 바와 같이 음주측정불응자에 대하여 음주운전과 같은 형벌로 처벌하는 것도 타당하지 않다. 그렇다면 음주운전자가 측정을 무작정 거부할 수 없도록 하기 위하여는 혈액검사를 통한 증거의 확보가 대안으로 제시될 수 있다. 혈액검사에 대하여는 도로교통법 제44조 제3항이 그 여지를 열어 두고 있다. 이 조항에 따르면 혈액검사에 동의하는 경우에만 채혈에 의한 검사를 허용하고 있다.

그러나 음주운전을 하였다고 인정되는 상당한 이유가 있는데도 운전자가 경찰공무원의 측정요구에 불응하고 달리 대체방법을 찾을 수 없는 때에는 운전자의 동의 없이도 강제채혈을 통한 검사를 할 수 있다고 본다. 음주측정불응죄는 음주측정을 담보하기 위한 수단이라고 하지 않을 수 없는데 그 측정에 불응한 자를 2년 이하의 징역이나 500만원 이하의 벌금에 처하는 것보다는 그 보다 강제채혈을 허용하는 것이 오히려 타당하다고 생각한다[29].

채혈검사는 대상자의 혈중알콜농도를 검사하는데 궁극적으로 필요한 효과적 수단이며[30], 혈액은 尿보다 신체내에서의 유용성은 크지만, 채취되는 혈액은 소량이어서 의학적 위험을 끼치는 것이 아니고[31], 채뇨의 경우와 달리 피의자의 프라이버시 등에 대한 침해도 거의 없기 때문이다. 물론 이 경우에도 채혈은 의사에 의하여, 허용되는 의학적 채취방법에 따라 행하여져야 한다[32].

29) 같은 취지: 손기식, 앞의 책, 372면.

30) Janiszewski, Verkehrsstrafrecht, 4. Aufl., 1984, Rn. 339ff.

31) 검사에 요구되는 혈액의 양은 5cc내외로 1회 헌혈시 320-400cc의 혈액이 채취된다는 점과 비교하면 소량이라는 점은 앞에서 살펴본 바와 같다.

32) 이에 관하여 상세한 것은 김형준, 형사절차상 혈액·뇨의 강제채취과 그 한계, 형사법연구 제9호, 한국형사법학회, 1996, 310면 이하 참조.

Ⅱ. 강제채혈에 관한 입법례

체액의 강제채취에 관한 법규와 판례가 축적되어 있는 각국의 입장을 검토함으로써 그 허용성의 여부를 검토하고자 한다.

1. 미 국

미국에서는 압수·수색과 검증 또는 감정이 구별되지 않고 모두 연방헌법 증보 제4조에서 규정하고 있는 '수색·압수(search and seizure)'의 범위에 포함되므로, 혈액이나 뇨의 검사를 위한 체액의 강제채취도 동조의 적용을 받게 된다. 그리고 동조는 수색·압수를 위하여는 상당한 이유(probable cause) 등의 요건을 구비하여[33] 치안판사(Magistrate)에 의하여 발부된 영장을 필요로 하고 있다. 그런데 특히 인간의 신체에 직접작용을 미치는 처분에 대하여는 대상자의 권리나 이익에 중대한 영향을 미친다는 점을 감안하여 영장주의라는 일반요건에 덧붙여 가중적 요건을 요구함으로써 엄격히 제한하고 있다[34].

그러나 체액의 강제채취의 경우는 Schmerber 판결[35]을 기점으로 일정한 요건하에서 무영장처분을 허용하고 있다. 연방 대법원은 먼저 Schmerber사건이 자기부죄거부특권(privilege against self-incrimination)

---

33) del Carmen, Criminal Procedure 3th ed., 1995, pp.188-193 참조.

34) Rochin v. California, 342. U.S. 165(1952).

35) 이 사건은 피의자 Schmerber가 자신의 음주운전사고로 상처를 입어 치료받고 있던 중 병원에서 음주운전 혐의로 체포되었는데, 이 때 경찰관의 지시에 따라 피의자의 반대에도 불구하고 체액채취에 관한 영장없이 동 병원의 의사가 혈액을 강제추출한 사안이다(Schmerber v. California, 384 U.S. 757(1966)).

에 반하지 않음을 명백히 하여 강제채혈의 법적 근거를 제시하고 있다. 즉, 자기부죄거부특권이 피고인을 보호하는 것은 피고인이 자신에게 불리한 증언을 하도록 강요당하거나 그 이외의 방법으로 국가에게 진술적 내지 정보전달적 성격(testimonial or communicational nature)을 가진 증거를 제공하도록 강요당하는 경우에 한하며, 본 사건에서 문제가 되는 혈액추출과 그 분석결과의 사용은 피의자나 피고인을 신체적 증거의 출처로 삼는 것이어서 피고인으로부터 증언을 얻어내기 위해 강요를 했다거나 피고인이 강요된 의사소통을 했다는 일말의 흔적도 없기 때문에 이러한 강요는 이 특권을 침해하는 것이 아니라는 것이다. 따라서 연방 헌법 증보 제4조의 법리에 따라 증거발견에 대한 명백한 징표(clear indication), 검사방법의 합리성(reasonable manner)과 시술상황의 합리성(reasonable setting), 증거보전의 긴급성(exigent circumstances)이라고 하는 상당성이 확보되는 한, 채혈 또는 채뇨와 같은 신체내부로의 침입(intrusion)을 수반하는 처분도 무영장으로 행할 수 있다고 함으로써 체액 강제채취의 일반적 허용기준을 확립하고 있다[36].

더 나아가서 Neville 판결[37]에서 연방 대법원은 "경찰관이 법에 따라 혈중 알콜농도 검사를 요구한 후에 그 검사를 받지 않겠다고 거부하는 행위는 그 경찰관에 의해 강요된 행위가 아니며 따라서 그 거부행위는 자기부죄거부특권에 의해 보호받지 못한다"고 하고,

---

36) LaFave/Israel, Criminal Procedure 2nd Ed., 1992, p.155.

37) 이 사건은 피의자 Neville이 음주운전혐의로 혈중 알콜농도 검사를 받을 것을 요구받았으나, 자신이 술에 너무 취했기 때문에 그 검사를 받을 수 없다고 말하며 검사받기를 거부한 사안이다(South Dakota v. Neville 459 U.S. 553(1983)).

그러한 거부의 사실을 피고인에게 불리한 증거로 사용하는 것을 허용하는 주의 법률도 합헌이라고 함으로써, 강제채혈의 허용근거를 제시하였다. 이 판결에 의하여 몇몇 주에서는 음주운전 피의자로 하여금 혈중알콜농도 측정을 수락할 것인지, 거부할 것인지를 선택하게 하고, 만약 거절한 경우에는 재판시 이를 유죄의 증거로 할 수 있게까지 되었다[38].

2. 독 일

독일은 형사소송법 제81a조가 '①피의자에 대한 신체검사(körperliche Untersuchung)는 소송상 중요한 사실관계의 확인을 목적으로 한 때에만 실시할 수 있다. 이와 같은 목적을 수행하기 위한 혈액채취 및 기타 체내검사(körperliche Eingriffe)는 의사에 의해서 의학적 검사방법에 따라 피의자의 건강을 해치지 않는 범위내에서 피의자의 동의없이 할 수 있다. ②제1항의 조치를 취할 권한은 법관에게 있다. 단, 지체로 인하여 검사의 의미가 상실될 위험이 있을 경우에는 검사 및 그 보조원에 의해서도 조치가 취해질 수 있다'고 규정하여 체액의 강제채취를 명문으로 허용하고 있다[39].

이 조문은 Bonn기본법하에서는 인간의 존엄(제1조 제1항)이나 신체의 안전을 침해당하지 않을 권리(제2조 제2항)를 침해하였다던가, 무죄추정의 원칙에 반한다는 비판이 있었으나, 독일 연방 헌법재판소는 일관하여 동 규정의 합헌성을 인정하고 있다. 즉, "본건에서

38) del Carmen, op.cit., p.377.

39) Vgl. Wassermann, Reihe Alternativkommentare zur Strafprozeßordnung, 1988, §81a.

문제가 된 척수액의 채취는 의학상 인정되는 방식(긴 바늘로 요추 또는 후두부를 찌르는 방법)에 따라 실시되고, 통상 대상자의 생명 등에 위험을 미치지 않는다고 하여도 두통이나 구토감의 원인이 되는 등 대상자의 건강상태를 해치는 것이고, 합병증의 위험이 있다는 점을 생각하면 명백히 기본법 제2조 제2항에서 말하는 신체의 안전에 대한 침해에 해당한다.

그러나 기본법상의 권리도 절대적인 존재가 아니고 권리의 본질적인 내용을 침해하는 것이 아닌 한 법률에 의하여 일정한 제약을 가할 수 있는데, 형사소송법 제81a조는 그 자체로 곧 기본법에 저촉하는 것이라고 생각할 수 없다. 또한 동조에 대하여 무죄추정원칙위반 등을 이유로 일부 제기되고 있는 위헌의 주장도 충분한 설득력을 갖고 있는 것이 아니다"고 하여 동 규정자체의 합헌성을 인정하였다[40].

동조의 규정자체가 합헌이라고 하여 그에 기초하여 행하여지는 개개의 처분이 언제나 허용되고 있는 것은 아니며, 당해사건의 중대성과 당해처분에 수반하는 침해의 정도와의 사이에 적정한 비례성(Verhältnismäßigkeit)이 지켜지는 범위에서만 체액의 강제채취를 허용하고 있다. 즉, 범죄가 경미하여 기소유예의 요건에 해당할 정도이었음에도 척수액 채취와 같은 가볍지 않는 시술을 강제적으로 시행하는 것은 명확히 비례성을 잃은 것이어서 허용할 수 없다는 것이다[41].

또한 책임능력의 판단을 위하여 실시하는 뇌파검사 및 기뇌사(Hirnkammerluftfüllung)[42]에 대하여 뇌파검사는 문제가 없다고 하

40) BVerfGE 16, 194; 같은 취지: BVerfGE 17, 108.

41) BVerfGE 16, 198-203.

여도 기뇌사의 경우에 대하여는 그 방법의 성질상 대상자에게 위해를 끼칠 위험이 있고, 그 검사방법의 유용성은 전문가 사이에서도 논란이 있으며, 뇌파검사가 허용되고 있기 때문에 그 필요성에는 의심이 있고, 본건 범죄의 중대성이나 그 혐의의 정도에 비추어 비례성을 확보한 것으로 볼 수 없다는 점 등을 지적하여 법원이 기뇌사를 명한 부분은 허용되지 않는다고 판단하였다[43].

이렇게 하여 독일에서는 명문의 규정과 더불어 판례에 의한 허용한계를 구체적으로 구축하고 있다.

3. 일 본

일본의 형사소송법상 사람의 신체를 대상으로 하는 검사에는 ① 신체수색(제102조), ②검증으로서의 신체검사(제218조 제1항 후단), ③감정처분으로서의 신체검사(제168조)가 있다. 그리고 법원이 명한 신체검사를 받는 자가 이를 거부하는 경우에 과료나 형벌의 부과와 같은 간접강제는 효과가 없다고 인정될 때에는 직접강제를 행할 수 있도록 하고 있다(제172조, 제139조).

그러나 수사기관이 행하는 감정에 대하여는 법원의 감정에 필요한 처분을 정한 형사소송법 제168조 제1항을 준용하고 있고(제225조 제1항), 수사기관의 이러한 감정처분에는 이를 거부한 자에 대한 직접강제규정은 준용되지 않는다(제225조 제4항, 제168조 제6항 참조)[44]. 이와 같이 일본 현행법상 체액의 강제채취에 관한 직접적 규

---

42) 이는 뇌실에 공기를 주입하여 방사선촬영을 하는 진단방법을 말한다.

43) BVerfGE 17, 108.

44) 安富潔, 捜査手續法, 立花書房, 1994, 217頁 참조.

정도 없고 직접강제에 관한 규정을 이 문제에 적용하기에는 상당한 문제가 따르기 때문에 이에 관한 허부의 논란은 계속되었으나, 최고재판소는 1980년의 다음과 같은 대표적 판례를 통하여 강제채뇨를 허용하고 있다[45].

최고재판소는 "도뇨관을 뇨도에 삽입하여 채뇨하는 것은 의사 등 기능인에 의하여 적절히 시행된다면 신체상 건강상 장해를 일으킬 위험성은 적고, 설혹 장해가 있다고 하여도 경미한 것이며, 피의자가 받은 굴욕감 등의 정신적 타격은 검증의 방법으로서의 신체검사에서도 같은 정도의 경우가 있을 수 있다"고 하여 원칙적으로 강제채뇨를 인정하였다. 그러나 강제채뇨는 프라이버시 침해의 위험성 때문에 반드시 체액채취를 위한 영장을 전제로 하여, 처분의 필요성, 방법의 상당성, 절차의 적정성이라는 특정한 요건이 확보되는 조건하에서 강제채뇨가 허용된다는 점을 명확히 하였다[46]. 이 판례는 강제채뇨에 한하지 않고 체액의 강제채취 전반에 대한 지도적 지침으로 지금까지 활용되고 있다.

4. 결 어

이상에서 살펴본 바와 같이 각국은 체액의 강제채취가 원칙적으

---

45) 이 사건은 경찰관이 피의자의 양팔에 정맥주사 흔적이 다수 존재할 뿐 아니라, 그의 언동과 태도 등을 통하여 각성제자기사용의 혐의가 있는 자를 체포하여 뇨의 임의제출을 수차례 요구하였으나 이를 거절하자, 감정처분허가장 및 신체검사영장을 발부받아 감정 수탁자인 의사를 통하여 강제채뇨한 사안이다.

46) 日最決 1980. 10. 23, 刑集 34. 5. 305-306; 田宮裕, 刑事訴訟法(新版), 有斐閣, 1996, 117頁.

로 자기부죄거부특권, 무죄추정원칙 등의 헌법적 정신에 반하는 것이 아니어서 허용될 수 있다는 점을 기본적으로 인정하고, 다만 적정절차에 위반할 여지가 있기는 하나 이 문제는 일정한 요건의 구비를 조건으로 허용하는 방향으로 입장을 정리하고 있는 것으로 보인다. 즉, 미국은 일정조건하에서 무영장 강제채취를 인정하고 있고, 독일은 구체적인 명문의 규정을 두어 이 문제를 입법적으로 해결하고 있으며, 일본은 영장의 존재를 전제로 일정한 요건하에서의 체액채취를 인정하고 있다.

현실적으로 음주운전사범과 마약사범 등은 그 수를 더해 가고 있고, 체액채취를 통한 과학적 검사의 필요성도 날로 그 의미를 더해 가고 있는 실정에서 기본권보장이라는 관점에 치우쳐 강제채취를 무조건 부정하는 것은 실체진실의 발견이라는 측면과의 균형성을 고려할 때 바람직한 것이라고 할 수 없다. 따라서 우리의 경우에도 필요불가피한 경우에는 일정한 요건과 절차하에서 이를 허용하여야 한다고 생각한다[47]. 다만 체액의 강제채취와 관련된 규정은 물론이거니와 판례 또한 축적되지 않은 우리의 상황을 고려할 때 무엇보다도 실질적인 허용요건과 구체적인 절차의 설정이 절실히 요망된다고 할 것이다.

---

47) 배종대·이상돈, 형사소송법(제7판), 홍문사, 2006, 320면; 백형구, 현대수사법의 기본문제, 육법사, 1985, 211-212면; 동, 형사소송법강의, 박영사, 1996, 338면; 신동운, 형사소송법, 232면; 이재상, 신형사소송법, 307-308면; 손기식, 음주측정불응죄에 관한 약간의 고찰, 법조, 1995.10, 67-68면; 심희기, 과학적 수사방법과 그 한계, 한국형사정책연구원, 1994, 123면; 조균석, 과학수사와 영장의 요부, 검찰 93호, 1986, 257면.

Ⅲ. 강제채혈의 허용요건

체액의 강제채취가 원칙적으로 허용된다고 하더라도 강제처분인 이상 강제처분의 일반적 요건뿐만 아니라 체액채취의 특수성에 기인한 요건을 구비하는 경우에 한하여 행하여져야 하는 것은 당연하다. 그 요건으로는 다음과 같은 것을 들 수 있다.

1. 혐의의 명백성

체액의 강제채취가 허용되기 위하여는 가장 기본적으로 그 대상자에게 피의사실의 혐의가 인정되어야 한다. 즉, 적어도 피의자의 신분을 가진 자에 대하여만 체액의 강제채취가 허용된다. 이러한 혐의는 수사기관의 단순한 주관적 혐의가 아닌 객관적 사실에 근거한 혐의가 발견되어야 한다[48]. 증거발견에 대한 명백한 징표가 있을 경우에 한하여 강제채취가 허용되어야 한다. 필요한 증거를 얻을 수 있을지도 모른다는 단순한 가능성만으로 그와 같은 침해가 허용되는 것이 아니라, 예를 들어, 피의자가 비교적 근접한 시간적 범위내에 마약을 사용하였고, 그 성분이 그 자의 체내에 잔존하고 있다는 것과 같은 명백한 징표의 존재가 필요하다[49].

2. 피의사실의 중대성

피의사실은 중대한 것이어야 한다. 경죄가 범하여졌다고 믿을 만한 상당한 이유밖에 없는 경우에는 수사기관에게 증거보전의 이익

---

48) 백형구, 현대수사법의 기본문제, 208면.

49) LaFave/Israel, op.cit., p.155.

(즉, 수사기관이 영장을 받아오는 사이에 피의자의 혈액중의 알콜농도가 소거되어버리는 것을 방지한다는 이익)이 있다는 것만으로는 긴급성이 인정된다고 할 수 없다[50]. 그리고 중대성의 판단은 당해 범죄의 법정형의 고저만을 이유로 결정되어서는 아니되며, 당해범죄의 사회적 영향력과 같은 현실적 실질적 중요성도 종합적으로 검토되어야 할 것이다.

3. 증거로서의 중요성

혈액 또는 뇨와 같은 체액이 당해 피의사실을 입증하는 데에 증거로서 중요한 지위를 가져야 한다. 따라서 피의자가 자백한다던가 그 밖의 증거만으로 충분히 피의사실을 입증할 수 있을 경우에는 체액의 강제채취는 허용되지 않아야 할 것이고[51], 피의자가 범행을 철저히 부인하고 있고 다른 증거도 확보하기 어렵기 때문에 증거로서 피의자의 체액을 취득할 필요성이 진실로 불가피하다고 인정되는 경우이어야 강제채취는 허용된다고 할 수 있다. 그리고 그 필요성은 피의자의 신체적 정신적 이익보호의 요청을 상회하는 극히 고도의 수사상의 필요성을 의미한다[52].

4. 강제채취의 불가피성

체액에 대한 강제채취가 최종적 수단이며, 그 밖의 다른 대체수단

---

50) Welsh v. Wisconsin, 466 U.S. 740(1984); del Carmen, op.cit., pp. 205-206; BVerfGE 16, 194, 202.

51) 백형구, 현대수사법의 기본문제, 209면; 백형구, 형사소송법강의(제8정판), 2001, 338-339면.

52) 松尾浩也, 刑事訴訟法(上), 弘文堂, 1992, 74頁.

이 존재하지 않아야 한다. 따라서 피의자가 임의로 혈액 또는 뇨를 제출할 수 있는 경우에는 강제채취는 허용되지 않으며, 체액의 임의채취에 대한 충분한 설득에도 불구하고 끝까지 거부하는 불가피한 경우에 한하여 영장을 청구하여야 할 것이고, 영장이 있는 경우라고 하여도 이것을 집행하기 전에 재차 뇨의 임의제출을 촉구하는 등의 조치가 있어야 한다[53].

피의자가 명시적으로 임의적인 뇨의 제출을 거부하고 있는 경우는 물론 피의자가 알콜 또는 마약류에 취하여 명정상태에 빠져 있기 때문에 임의적인 뇨의 제출을 기대할 수 없는 상태일 경우가 문제가 된다. 생각건대, 알콜 또는 마약류가 체내에 잔존하는 시간내에 의식을 회복하여 임의제출을 기대할 수 있는 경우에는 그 때를 기다려 임의제출을 설득하여야 할 것이나, 수사기관이 알콜 또는 마약류가 언제 복용되었는가를 알고 있음에도 불구하고 기다림 없이 곧 강제채취를 실시한 것과 같은 특단의 사정이 있는 경우를 제외하고는 임의적 체액제출이 기대될 수 없는 피의자에 대하여 강제채뇨하는 것은 허용되어야 할 것이다[54].

5. 채취방법의 상당성

체액의 채취는 실질적으로 어떤 신체적 위험이나 외상 또는 고통

---

53) 백형구, 현대수사법의 기본문제, 208면; 형사소송법강의, 338면; 山川治, 體液の採取をめぐる諸問題(上), 第494號, 1993.2, 54-55頁.

54) 山川治, 體液の採取をめぐる諸問題(中), 捜査研究 第495號, 1993.3, 50頁; 日最決 1991. 7. 16, 刑集45. 201. 이 판결의 사안은 체포로부터 약 20시간이 되는 시점에서 강제채뇨가 행하여졌다는 점을 주된 근거로 이를 허용하고 있다.

이 수반되지 않는 합리적인 방법(reasonable manner)에 의하여 이루어져야 한다[55].

일반적으로 채혈검사는 대상자의 혈중 알콜농도를 검사하는데 궁극적으로 필요한 효과적 수단이며[56], 혈액은 뇨보다 그 자체 신체 내에서의 유용성은 크지만, 채취되는 혈액은 소량이어서 의학적 위험을 끼치는 것이 아니며, 채뇨의 경우와 달리 피의자의 프라이버시 등에 대한 침해도 거의 없기 때문에 일상적인 신체검사에서 행하는 수준의 시술방법에 의한 채혈은 합리성이 인정된다고 할 수 있을 것이다[57].

그러나 채뇨의 경우는 도뇨관(Catheter)을 이용하여 시술하여야 하는 관계로 뇨도감염, 뇨도손상, 통증 등의 의학적 문제가 수반될 수 있을 뿐만 아니라, 하복부를 노출시키고 성기에 대한 직접적인 침입을 감수하여 하는 데에 따른 치욕감 등의 정신적 충격이 문제가 되므로 프라이버시 보장적 차원에서도 논의된다. 그러므로 강제채뇨에 대한 상당성판단은 대상자나 처분시행자의 입장에서 논의되어서는 아니되고 사회일반의 가치기준에 비추어 타당한 것일 것이 요구된다[58]. 이러한 점에 비추어보면 혈액채취의 경우는 일상적인 신체검사를 위하여도 행하여지는 방법임에 반하여, 도뇨관을 사용하여 뇨를 채취하는 것은 비뇨기과의 의료상으로는 일상적으로 시행되는 것이라고 하여도 사회생활상 통상의 방법으로 용인될 만한

55) LaFave/Israel, op.cit., p.155.

56) Janiszewski, Verkehrsstrafrecht, 4. Aufl., 1984, Rn. 339ff.

57) OLG Köln NStZ 1986, 234.

58) 井上正仁, 刑事節次における體液の强制採取, 法學協會百周年記念論文集 第2券, 1983, 685-686頁.

것은 아니지 않을까 하는 의심이 있으므로 이에 대하여는 특히 신중을 기하여야 할 것이다.

또한 체액의 강제채취가 허용된다고 하여도 매우 한정된 범위에서 생명의 위험이 없는 경미한 침해만을 허용하고 있다[59]. 따라서 예를 들어, 전신마취하에 흉부의 총알을 강제제거하는 수술[60]과 같이 경미한 침해를 초과하여 채혈보다도 더 높은 정도의 침해나 그 이외의 상황하에서의 침해까지도 허용하고 있는 것은 아니다[61].

그리고 시술상황의 합리성도 확보되어야 한다. 따라서 병원에서, 의사에 의하여, 허용되는 의학적 방법에 따라 강제채취는 시행되어야 한다는 것이다[62]. 여기서 말하는 의사란 인간을 대상으로 하는 의술을 교육받고 자격을 취득한 의사를 의미하며 치과의사, 수의사 등 특수분야의 의사는 제외된다[63]. 의사자격을 취득하기 이전의 의학도나 간호사 등 의사보조원은 정식의사의 지휘, 감독, 책임하에서만 조치에 동원될 수 있다[64]. 단순히 귓볼이나 손가락끝을 찔러 극히 소량의 혈액을 채취하는 것 또한 신체에 손상을 주는 것이니 만큼 경찰관에 의하여 행하여져서는 아니되고 의료인에 의하여 행하

---

59) U.S. v. Crowder, 543 F.2d 312(1976); Creamer v. State, 192 S.E. 2d. 350(1972); State v. Allen, 291 S.E.2d 459(1982).

60) Winston v. Lee, 470 U. S. 753(1985).

61) 같은 취지: Bowden v. State, 510 S.W. 2d.879(1974); People v. Smith, 362 N.Y.S.2d 909(1974); del Carmen, op.cit., p. 208.

62) Hermann, Search and Seizure Checklists, 3rd ed., 1983, p.166; del Carmen, op.cit., p.205; 백형구, 현대수사법의 기본문제, 209면; 형사소송법강의, 339면; 신동운, 형사소송법, 231면; 이재상, 신형사소송법, 307면; Wassermann, a.a.O., Rn. 1; 독일 형사소송법 제81a조 제1항.

63) Wassermann, a.a.O., Rn. 3.

64) OLG Köln NJW 1966, 416; BayObLG NJW 1965, 1088.

여져야 할 것이다. 특히 채뇨의 경우는 모욕감 등의 정신적 충격이 수반될 우려가 크므로 이를 최소화할 수 있는 시술상황에서 채취되어야 한다.

한편 체액의 강제채취를 허용하는 이상, 격렬하게 저항하는 대상자로부터 체액을 채취하기 위하여는 대상자의 신체의 안전성을 고려할 때, 오히려 경찰관들에 의한 일정한 유형력의 행사는 허용되어야 할 것이다[65]. 그러나 그 유형력은 채취 대상자의 신체의 안전을 유지하기 위하여 필요한 최소한의 것이어야 할 것이다[66].

6. 절차의 적정성

체내에 존재하는 체액을 범죄의 증거물로 강제적으로 채취하는 행위는 다른 신체검사와는 달리 신체내의 침입을 그 내용으로 하고 있어서 인권에 대한 침해의 여지가 여타의 강제처분의 경우보다 더 클 것이므로 헌법상 요구되는 엄격한 적정한 절차에 의하여 이루어져야 한다. 따라서 적정한 강제처분권자에 의하여, 적정한 영장에 근거하여, 구체적 절차의 한계를 준수하여 집행하여야 한다.

Ⅳ. 강제채혈의 절차

상기의 요건을 갖춘 경우에 구체적으로 어떤 영장으로 어떤 범위

---

65) BayObLG NJW 1963, 772; OLG Schleswig NJW 1964, 2215; Kleinknecht NJW 1964, 2182; OLG Hamm DAR 1962, 132; OLG Koblenz VRS 1954, 357.

66) Roxin, Strafverfahrensrecht, 23. Aufl., 1993, §33 Ⅱ 3 Rn. 9; 井上, 前揭論文, 666頁; 日最決 1980. 11. 19, 裁判集刑事 220.223; 日最決 1994. 9. 16, 裁判所時報 1132. 2.

까지 직접강제가 가능할 것인가에 대하여 살펴보면 다음과 같다.

1. 사전영장에 의한 강제채취

강제처분은 사전영장에 의하는 것이 원칙인데 우리는 체액의 강제처분의 성격을 명문으로 규정하고 있지 않기 때문에 어떤 영장에 근거하여 강제채취가 가능할 것인가에 대하여 견해의 대립이 있다.

혈액의 제출을 강제채혈로 이해하는 경우에는 어떤 영장에 의하여야 할 것인가에 대하여는 다음과 같이 견해가 나뉘어져 있다.

(1) 감정처분영장설

신체내부로의 침입을 수반하는 내부검사는 감정이고, 혈액의 채취는 전문가에게 촉탁하여 채취된 물질의 성분을 감정하는 수단으로 행해지는 것이므로, 그 채취의 목적 또한 감정결과의 획득에 있는 것이니 만큼 감정처분허가장(형사소송법 제221조의 4)에 의하여 허용되어야 한다는 견해이다[67].

(2) 신체검증·감정처분영장설

신체검사는 원칙적으로 검증의 성격을 가지므로 신체의 손상을 수반하는 내부검사도 기본적으로는 검증처분이지만, 의사 등과 같은 전문인의 감정을 필요로 하는 혈액의 강제채취에는 감정처분허가장을 병용하여야 한다는 입장이다[68].

---

67) 강구진, 형사소송법원론, 1983, 227-228면; 신양균, 형사소송법, 2000, 212-213면; 이재상, 신형사소송법, 309-310면.

68) 백형구, 형사소송법강의, 320면; 손기식, 앞의 논문, 68면.

(3) 압수·수색영장설

혈액이라는 증거자료의 점유권을 물리적으로 취득하여 영치하는 면에 착안하여, 강제채취에 영장이 필요하게 되는 것은 채취행위가 본질상 기본권침해적 요소를 가지고 있기 때문이므로 그 행위의 성질을 고려할 때 압수·수색영장(형사소송법 제215조)으로 강제채취를 하는 것이 필요하다는 입장이다[69]. 따라서 압수·수색영장에 의하여 채취된 혈액에 대한 화학분석을 위하여 다시 감정영장을 발부받을 필요도 없다는 것이다.

(4) 압수수색·감정처분영장설

혈액의 강제채취 그 자체는 압수·수색의 성격을 가지는 것이지만, 채취된 혈액은 전문가의 감정을 필요로 하는 것이므로 압수·수색영장과 감정처분허가장을 모두 법원으로부터 발부받아야 한다는 견해이다[70].

(5) 결 어

혈액의 강제채취가 법적으로 문제가 되는 것은 채혈단계에서의 강제성이 가지는 기본권 침해적 요소 때문이다. 이 문제에 관한 실질적 관점은 혈액채취수단의 적정성에 있다. 이 점을 주시한다면 적어도 현행법상으로 혈액의 강제채취는 압수·수색영장만으로 가능하

---

69) 심희기, 앞의 논문, 124면; 조균석, "과학수사와 영장의 요부", 검찰 93호, 1986, 257면.

70) 강동범, 앞의 논문, 38면; 배종대·이상돈, 형사소송법, 320면; 신현주, 형사소송법(신정2판), 2002, 359-360면.

다고 이해하는 것이 형사절차의 효율성이나 그 적정성을 고려할 때 타당하다고 생각한다.

압수·수색영장설에 의하면 이미 신체로부터 분리된 혈액은 압수의 대상이 되고, 혈액을 신체로부터 분리하여 채취하는 것을 압수를 위하여 '필요한 처분'으로, 채취된 혈액에 대한 분석은 압수물에 대한 '필요한 처분'(형사소송법 제219조, 제120조)으로 이해할 수 있다. 따라서 혈액의 채취를 위하여 독립된 검증영장을 받거나, 혈액의 분석을 위하여 다시 감정처분허가장을 받을 필요도 없게 된다. 왜냐하면 혈액의 채취를 내용으로 하는 압수·수색영장을 발부하는 경우에 그 법관은 압수의 필요성을 판단함에 있어서 감정의 관련성을 당연히 인정하고 있을 것으로 이해할 수 있기 때문이다.

2. 사후영장에 의한 강제채취

영장을 청구할 시간적 여유가 없는 긴급한 경우에는 범죄장소에서의 긴급압수·수색·검증(법 제216조 제3항)규정을 준용하여 예외적으로 수사기관이 먼저 강제채취를 실행하고 사후적으로 법관의 영장을 발부받는 것이 가능하다는 데에는 대체로 견해가 일치한다[71]. 그러나 체액의 강제채취는 단순한 증거물의 압수·수색·검증과는 그 성질을 달리 하는 것이므로 사후영장조차도 필요없는 무영장 압수·수색·검증에 관한 규정(법 제216조 제1, 2항, 제217조)은 적용되지 않는다고 하여야 할 것이다.

사후영장에 의한 긴급체액채취가 가능한가의 여부의 판단에 있어

71) 신동운, 형사소송법, 249면; 심희기, 앞의 논문, 124면. 긴급구속에 준하여 강제채취한 후 사후에 감정처분허가장을 발부받는 방법도 제시되고 있다(손기식, 앞의 논문, 68면).

서 주된 요소는 바로 긴급성이다[72]. 긴급상황의 존재여부에 대한 판단은 일의적 기준으로 결정될 수 있는 것은 아니며, 다양한 상황 하에서의 여러 조건들을 검토하여 결정되어져야 할 것이지만, 먼저 검토되어져야 할 것은 시간의 경과에 따른 증거보전의 긴급성이다.

예를 들어, 같은 혈액채취라고 하더라도 혈액형 판정을 목적으로 하는 경우에는 시간의 경과에 따른 증거멸실의 위험이 없기 때문에 긴급성은 결여된다고 할 수 있을 것이나, 혈액내 알콜의 잔류검사를 목적으로 하는 경우에는 긴급성이 인정될 수 있을 것이다. 또한 알콜의 경우는 혈액에서의 잔류시간이 마약류의 뇨에서의 잔류시간에 비하여 짧기 때문에 상대적으로 긴급성 인정이 용이할 것이다[73].

그러나 뇨의 경우 상대적으로 긴급성의 인정여지가 작기는 하지만 마약류를 언제 음용하였는지 그 시기가 불분명한 경우에는 소거시간을 정확히 예측할 수 없으므로 긴급성을 인정하여야 할 경우도 있을 수 있을 것이다. 이 이외에도 전술한 피의사실의 중대성 또한 긴급성의 판단의 일요소로 검토되어야 할 것이다.

---

72) 피의자가 무의식 상태이어서 동의를 얻을 수 없는 경우에도 긴급성을 인정하여 무영장 혈액채취를 인정한 사례로는 Aliff v. State, 627 S.W. 2d 166(1981); U.S. v. Harvey, 701 F.2d 800(1983) 등이 있다.

73) 알콜의 경우는 음주량 등의 제요소에 따라 상당한 편차를 나타내지만 대체로 음주종료후 6시간이 경과하면서부터 혈액에 잔류성분이 남지 않게 되고(柴田洋子·新井尙賢 編, 酩酊犯罪の精神鑑定, 金剛出版, 1985, 37頁이하 참조), 마약류의 경우는 혈액에서는 30분간 머물며 48시간 이내에 방광속의 뇨중으로 배출되며, 뇨중에서 4일내지 10일간까지 잔류한다고 한다(井上, 前揭論文, 659頁; 椎橋隆幸, 刑事辯護·捜査の理論, 信山社, 1993, 2. 293頁).

3. 채취장소까지의 연행

체액의 채취는 의사 등 전문가에 의하여 병원 등의 장소에서 행하여져야 하므로 이러한 시설외에 있는 이른바 재택 피의자를 그 시설까지 동행하는 것이 가능할 것인지 문제가 된다. 즉, 피의자가 임의로 동행에 동의한다던가, 강제채뇨허가영장에 채취장소까지의 연행을 허용하는 내용이 명시적으로 기재되어 있을 경우에는 특단의 문제가 일어나지 않을 것이나 체액의 임의채취를 거부하여 강제채취가 논의되고 있는 자의 경우에는 당연히 그 시설장소까지 임의로 동행하는 것을 거부할 것이므로 문제가 된다. 이에 관하여는 다음과 같은 견해가 대립되고 있다.

(1) 부 정 설

압수·수색영장이 대물적 강제처분인 한 그 집행에 있어서 허용되는 처분의 범위는 수색하여야 할 장소인 피의자의 신체의 압수·수색에 한정되는 것이므로, 피의자에게 체포의 요건이 갖추어져 있고 강제적으로 체액채취장소 등으로 출두시킬 수 있는 별도의 체포영장이 없는 한 신체의 자유를 제한하는 연행은 허용되지 않는다는 것이다. 뿐만 아니라 체포영장 없는 강제연행은 위법하고, 강제연행과 체액의 채취와는 일련의 절차이므로 그 체액채취절차도 위법하다는 것이다[74].

74) 田口守一, いわゆる強制採尿令狀による採尿場所への連行の可否, 判例評論 1992.3, 62頁.

(2) 긍 정 설

1) 영장내재설

이 설은 강제적인 체액의 채취를 허용한다는 취지의 영장은 그 자체가 비록 압수·수색영장이라고 하더라도 다른 압수·수색영장과는 다른 특별한 의미를 가지는 것이므로 그 영장의 의미중에는 당연히 그 장소에로까지의 연행도 포함되어 있다고 이해해야 한다는 입장이다[75].

2) 필요처분설

이 설은 강제채취영장의 압수·수색영장적 측면에 주목하여 채취장소까지 강제적으로 연행하는 것은 체액채취의 목적을 달성하기 위한 「필요한 처분」(법 제219조, 제120조)에 해당한다고 하고 있다[76].

3) 조건기재설

이 설은 사전의 사법심사를 중시하여 강제채뇨영장에 채뇨장소를 명시하거나 강제연행을 허가하는 취지를 영장에 기재하여 수사관에게 명확히 강제연행에 관한 권한을 부여하여한 경우에만 가능하다

---

75) 安富, 前揭書, 229頁; 山川治, 前揭論文(中), 48頁; 平良木, 前揭書, 272頁; 河上和雄, 搜索差押令狀による被疑者の連行,判例タイムズ 第539號, 1984.9, 137頁; 日最决 1994. 9. 16, 裁判所時報 1132. 2; 日函館地決 1984. 9. 14, 判例タイムズ 537. 259; 東京高判 1991. 3. 12, 判例時報 1385, 129.

76) 馬場俊行, 在宅被疑者に對する强制採尿令狀による同被疑者の採尿場所への强制連行について, 警察學論集 37卷 12號, 1984. 12, 156頁; 東京高判 1990. 8. 29 判例時報1374. 136; 日函館地決 1985. 1. 22, 判例時報 1144. 157.

는 견해이다[77].

(3) 결 어

체액채취는 병원에서, 의사에 의하여, 의학적 방법에 의하여 이루어져야 한다는 시술상황에 관한 요건은 대상자의 신체적 안전을 고려하기 위한 것이다. 그리고 체액채취를 위하여 소요되는 시간은 그리 길지 않다. 그럼에도 법원이 체액의 강제채취를 허용하는 영장을 발부하면서도 채취장소까지의 연행을 위하여 다시 체포영장을 요구한다면, 오히려 피의자의 신체의 자유를 더 장시간 침해하게 되므로 부정설은 타당하지 않다.

또한 조건기재설은 판결이 지나친 법창조적 기능을 수행하여 입법론에서 다루어야 할 문제를 관여한다는 점[78]과 법관에게 조건기재를 강제할 방법이 없고, 강제연행조건을 기재하지 않을 경우에는 궁극적으로 체액강제채취 영장자체가 무용화되어 버리므로 타당하지 않다.

생각건대, 체액강제채취에 대하여는 그 처분의 성질상 체액채취를 행하기에 적절한 장소에 대상자를 연행하는 것은 당해처분에 있어서 당연히 예상되는 범위내의 행위라고 할 수 있다. 또한 법관이 이와 같은 강제체액채취 영장을 발부할 때에는 그 목적달성을 위하여 필요로 되어지는 연행의 가부에 대하여도 검토하고 있다는 점을 고려한다면[79], 강제연행은 체액강제채취영장에 내재되어 있다고 보

77) 高木俊夫·大淵敏和, 違法收集證據の證據能力をめぐる諸問題-裁判例を中心として-, 司法研究報告, 法曹會, 1987, 169頁; 小林, 前揭論文, 612頁.

78) 田口守一, 前揭書, 62頁.

79) 日最決 1994.9.16, 裁判所時報 1132.2 참조.

는 것이 타당할 것이다.

따라서 영장에 그 장소가 특정되어 있는 경우는 그에 따라야 할 것이나[80], 그렇지 않는 경우라고 하더라도 채취장소까지의 연행거리, 연행에 필요한 시간 등을 종합적으로 고려하여 상당성이 인정되는 한, 동일건물내의 채취설비가 있는 방으로 이동시키는 것이건, 이보다 시간과 거리가 다소 먼 곳으로의 강제연행이건 불문하고 허용되어야 할 것이다. 이와 더불어 호송차량이 도착할 때까지 피의자를 구금하거나[81], 의사가 나타날 때까지 경찰관서에 유치하는 것[82]도 허용되어야 할 것이다.

제4절 의료인이 제출한 음주운전자의 혈액압수

Ⅰ. 문제의 소재

앞에서는 음주운전자가 적극적이든 소극적이든 음주측정에 불응하는 경우, 수사기관이 강제채혈할 수 있는지 여부에 대하여 검토하였다. 그렇다면 의료인이 의식불명의 환자로부터 진료목적으로 채

80) 특정장소가 기재되면 그 병원에서 채취할 수 없는 후발적인 사정이 발생하거나 영장발부후 피의자의 소재지가 변경되는 경우는 다시 또다른 영장을 발부받아야 한다는 문제가 발생되어 이는 오히려 피의자에게 불이익을 가져다 줄 수 있을 것이므로 이 점도 고려되어야 할 것이다(多和田隆史, いわゆる强制採尿令狀により被採尿者を採尿場所まで連行することができるとされた事例, 警察公論 1995. 3, 82頁 참조).

81) OLG Koblenz DAR 1973, 219.

82) OLG Köln NJW 1966, 417; OLG Hamburg MDR 1965, 152; Waldschmidt NJW 1979, 1920.

취한 혈액을 수사기관이 의료인에게 부탁하여 임의제출 받은 경우 수사기관이 의료인으로부터 혈액을 건네 받은 행위의 법적 성격이 어떠한가에 대하여 검토해 볼 필요가 있다.

이 문제는 대법원 1999. 9. 3. 선고 98도968 판결을 계기로 논의가 전개되고 있다. 따라서 여기서는 이 판결을 대상으로 그 논거와 이에 대한 비판을 살펴보기로 한다.

Ⅱ. 사건의 경과 및 판결의 논거

1. 사건의 개요

피고인은 1995. 7. 19. 17:00경 공주시 우성면 상서리 소재 도로에서 화물차를 운전하다가 중앙선을 침범하여 반대차선에서 진행중이던 2대의 승용차를 충돌하여 위 승용차에 타고 있던 피해자 5명으로 하여금 약 2주 내지 6주간의 치료를 요하는 상해를 입게 하고, 피고인도 이 사고로 인하여 공주의료원에 후송되어 응급치료를 받고 있었다.

경찰관은 피해자측의 요구에 따라 피고인의 음주운전 여부를 수사하기 위하여 호흡측정을 하려 하였으나 피고인의 의식이 전혀 없어 호흡측정이 불가능하자 혈액을 채취하려고 하였다. 그러나 가족들조차도 현장에 없었던 상황에서 마침 위 의료원 간호사가 치료의 목적으로 피고인의 혈액을 채취하자 경찰관이 위 간호사에게 부탁하여 채혈된 혈액 중 일부를 받은 후 이를 교통사고처리반에 인계하여 혈중알콜농도의 감정용으로 사용하였고, 그 결과 피고인의 혈중알콜농도가 0.09%임이 확인되었다.

2. 소송의 경과

제1심 법원은 국립과학수사연구소의 혈액감정의뢰회보를 증거로 채택하여 피고인의 주취상태를 인정하였다[83].

이에 대하여 변호인은 경찰이 피고인의 동의를 얻거나 법관의 영장에 의하는 등 적절한 법률상의 절차를 거치지도 아니한 상태로 이 사건 교통사고로 인하여 의식불명 상태에 있던 피고인의 신체에서 임의로 혈액을 채취하여 국립과학수사연구소에 감정을 의뢰하여 얻게 된 혈액감정의뢰회보는 그 수집절차에 중대한 위법이 있어 증거능력이 없을 뿐만 아니라, 감정대상인 혈액이 피고인의 혈액임을 담보할 수 없는데도 불구하고 제1심이 위 혈액감정의뢰회보에 의거하여 피고인이 이 사건 교통사고 당시 음주운전한 사실을 인정한 위법이 있다고 주장하여 항소하였다.

그러나 항소심 법원은, 경찰관이 공주의료원에서 호흡으로 음주측정이 어려운 피고인에 대하여 피해자측 요구에 따라 그 음주운전 여부를 수사하기 위하여 혈액을 채취하려 하였으나 당시 이 사건 사고로 후송되어 응급 가료중이던 피고인은 전혀 의식이 없었고 가족들도 현장에 없었는데 마침 위 의료원 간호사가 치료의 목적으로 피고인의 혈액을 채취하자 경찰관이 간호사에게 부탁하여 채혈된 혈액 중 일부를 받은 후 이를 교통사고처리반에 인계하여 혈중알콜농도의 감정용으로 사용한 사실을 인정하고, 위 인정 사실과 같이 피고인이나 그 가족의 동의를 얻을 수 없는 상황에서 간호사에 의하여 병원에서 치료의 필요에 따라 채취한 피고인의 혈액 중 소량을 사용하여 얻어진 위 감정결과는 모든 절차를 적법하게 준수하여

83) 대전지방법원 1997. 8. 27. 선고 96고단1361 판결.

얻어진 증거라고 할 수는 없다고 하더라도 그 위법의 정도나 그로 인하여 피고인이 입은 신체의 안전과 인간의 존엄성의 각 침해 정도가 위 증거를 배제하여야 할 정도에는 이르지 아니하므로 위 채혈에 따른 감정의뢰회보는 그 증거능력이 있다고 보아야 할 것이라고 판단하여 피고인의 항소를 기각하고 제1심 판결을 유지하였다[84].

피고인은 제2심 판결에 불복하여 상고하였고, 대법원 역시 피고인의 상고를 기각하고 원심판결을 유지하였다.

3. 원심판결 및 대법원판결 요지

(1) 원심판결 요지

적법절차 및 인권보호의 요청에 비추어 위법하게 수집된 증거는 그 증거에 동의하였는지 여부에 상관없이 원칙적으로 증거능력이 없다고 보아야 할 것이지만, 그렇다고 하여 모든 절차위법에 대하여 증거를 배제하는 것은 타당하지도 아니할 뿐만 아니라 현실적으로도 불가능하다 할 것이므로, 법원으로서는 적법절차 및 인권보호의 요청과 다른 한편 침해된 이익과 위법의 정도, 그 증거사용의 필요성 등을 고려하여 구체적·개별적으로 배제되어야 할 위법수집증거의 해당 여부에 관하여 판단하여야 할 것이다.

그런데 당심 증인인 경찰관의 증언과 기록에 의하면 위 증인이 공주의료원에서 호흡으로 음주측정이 어려운 피고인에 대하여 피해자측 요구에 따라 그 음주운전 여부를 수사하기 위하여 혈액을 채취하려 한 사실, 당시 이 사건 사고로 후송되어 응급 가료 중이던 피고인은 전혀 의식이 없었고 가족들도 현장에 없었는데 마침 간호

84) 대전지방법원 1998. 3. 18. 선고 97노1560 판결.

사가 치료의 목적으로 피고인의 혈액을 채취하자, 위 경찰관이 간호사에게 부탁하여 채혈된 혈액 중 위 일부를 받아 교통사고처리반에 인계하여 혈중알콜농도의 감정용으로 사용한 사실을 각 인정할 수 있는바, 위 인정사실과 같이 피고인이나 그 가족의 동의를 얻을 수 없는 상황에서 간호사에 의하여 병원에서 치료의 필요에 따라 채취한 피고인의 혈액 중 소량을 사용하여 얻어진 위 감정결과는 모든 절차를 적법하게 준수하여 얻어진 증거라고 할 수는 없다 하더라도, 그 위법의 정도나 그로 인하여 피고인이 입은 신체의 안전과 인간의 존엄성의 각 침해 정도가 위 증거를 배제하여야 할 정도에는 이르지 아니하므로 위 채혈에 따른 감정의뢰회보는 그 증거능력이 있다고 보아야 할 것이다.

따라서 이에 반하는 논지는 이유 없고, 가사 위 증거가 위법수집증거로서 배제되어야 할 증거이므로 음주운전의 과실을 인정할 수 없다 하더라도, 뒤에서 보는 바와 같이 피고인이 중앙선을 침범한 과실로 이 사건 교통사고가 발생한 사실이 인정되고, 중앙선 침범으로 인한 교통사고만으로도 원심이 선고한 형량은 너무 무겁다고는 판단되지 아니하므로 위 음주운전과 관련된 판단 잘못이 피고인에 대한 원심판결 중 공소의 유지나 선고형을 정함에 있어 어떠한 영향을 미쳤다고도 볼 수 없어, 피고인의 위 주장은 이 점에서도 결과적으로 이유 없다.

(2) 대법원판결 요지

경찰관이 간호사로부터 진료 목적으로 채혈된 피고인의 혈액 중 일부를 주취 여부에 대한 감정을 목적으로 제출받아 압수한 데에

절차 위반의 위법이 있는지에 관하여 보건대, 형사소송법 제218조는 "검사 또는 사법경찰관은 피의자, 기타인의 유류한 물건이나 소유자, 소지자 또는 보관자가 임의로 제출한 물건을 영장 없이 압수할 수 있다."라고 규정하고 있고, 같은 법 제219조에 의하여 준용되는 제112조 본문은 "변호사, 변리사, 공증인, 공인회계사, 세무사, 대서업자, 의사, 한의사, 치과의사, 약사, 약종상, 조산사, 간호사, 종교의 직에 있는 자 또는 이러한 직에 있던 자가 그 업무상 위탁을 받아 소지 또는 보관하는 물건으로 타인의 비밀에 관한 것은 압수를 거부할 수 있다."라고 규정하고 있을 뿐이고, 달리 형사소송법 및 기타 법령상 의료인이 진료 목적으로 채혈한 혈액을 수사기관이 수사 목적으로 압수하는 절차에 관하여 특별한 절차적 제한을 두고 있지 않으므로, 의료인이 진료 목적으로 채혈한 환자의 혈액을 수사기관에 임의로 제출하였다면 그 혈액의 증거사용에 대하여도 환자의 사생활의 비밀 기타 인격적 법익이 침해되는 등의 특별한 사정이 없는 한 반드시 그 환자의 동의를 받아야 하는 것이 아니다.

따라서 원심이 적법하게 인정한 사실에 의하면, 경찰관이 간호사로부터 진료 목적으로 이미 채혈되어 있던 피고인의 혈액 중 일부를 임의로 제출 받아 이를 압수한 것으로 보이므로 당시 간호사가 위 혈액의 소지자 겸 보관자인 공주의료원 또는 담당의사를 대리하여 혈액을 경찰관에게 임의로 제출할 수 있는 권한이 없었다고 볼 특별한 사정이 없는 이상, 그 압수절차가 피고인 또는 피고인의 가족의 동의 및 영장 없이 행하여졌다고 하더라도 이에 적법절차를 위반한 위법이 있다고 할 수 없다.

그러므로 결국 위 혈액을 이용한 혈액감정의뢰회보의 증거능력을 인정한 원심의 결론은 타당하고 이에 상고이유에서 지적하는 바와 같은 법리오해의 위법이 있다고 할 수 없다.

4. 대상판결의 논거

간호사가 진료목적으로 이미 채취한 혈액의 일부를 음주운전의 증거확보를 위하여 경찰관이 간호사로부터 건네 받은 행위에 대하여 대상판결은 제출단계에서 강제성이 개입되지 않았다는 점에서 이를 형사소송법 제218조에 정한 임의제출물의 압수로 보고 그 적법성을 인정하였다. 즉, 대상판결은 당시 간호사가 위 혈액의 소지자 겸 보관자인 위 의료원 또는 담당의사를 대리하여 혈액을 경찰관에게 임의로 제출할 수 있는 권한이 없었다고 볼 특별한 사정이 없는 이상, 그 압수절차가 피고인 또는 피고인의 가족의 동의 및 영장 없이 행하여졌다고 하더라도 이에 적법절차를 위반한 위법이 있다고 할 수 없다는 것이다.

또한 대상판결은 형사소송법 제219조에 의하여 준용되는 제112조의 해석을 근거로 형사소송법 및 기타 법령상 의료인이 진료 목적으로 채혈한 혈액을 수사기관이 수사 목적으로 압수하는 절차에 관하여 특별한 절차적 제한을 두고 있지 않으므로, 의료인이 진료 목적으로 채혈한 환자의 혈액을 수사기관에 임의로 제출하였다면 그 혈액의 증거사용에 대하여도 환자의 사생활 비밀 기타 인격적 법익이 침해되는 등의 특별한 사정이 없는 한 반드시 그 환자의 동의를 받아야 하는 것은 아니라는 이유로 위 경찰관의 행위를 적법하다고 인정하고 있다.

5. 대상판결의 쟁점

첫째, 대상판결은 임의제출물의 무영장 압수를 규정하고 있는 형사소송법 제218조를 지나치게 형식적으로 이해하여 간호사를 혈액의 소지자 또는 보관자의 대리인으로 인정함으로써, 혈액의 소유자인 피고인의 기본권 침해에 대하여 간과하고 있다. 채취된 혈액이 진료목적으로 활용된다면 묵시적 동의가 인정될 수 있을 것이다. 그러나 채취된 혈액이 진료목적이 아니라 혈액을 채취 당한 피고인 자신의 음주운전 여부를 인정하기 위한 증거로 사용되는 경우에도 묵시적 동의가 인정될 여지는 없고, 대상판결의 경우처럼 현실적인 동의 또한 없는 데에도 간호사가 혈액 소유자인 피고인의 동의 여하에 관계없이 이를 제출하였다면 이는 피고인의 사생활 비밀 등 기본권을 침해하였다고 볼 수 있다는 점이다. 그렇다면 이 사건 혈액제출을 대상판결의 입장과 같이 임의제출물의 압수로 이해할 수 있는가를 살펴보아야 한다.

둘째, 대상판결의 사안이 영장주의의 예외로 허용되는 무영장 압수의 유형에 포함되지 않는다면 혈액은 영장에 의하여 압수되어야 하는데, 현행법상 혈액의 압수를 별도로 정한 규정이 없다. 그렇다면 현행법 아래에서 혈액의 압수는 어떤 절차에 의하여 행하여져야 할 것인가를 검토하여야 한다.

이하에서는 의료인이 진료목적으로 채취한 혈액제출의 법적 성격이 무엇인가를 먼저 검토한 뒤 위의 쟁점에 관하여 살펴보기로 한다.

Ⅲ. 진료목적으로 채취한 혈액제출의 법적 성격

의료인이 의식불명의 환자로부터 진료목적으로 채취한 혈액을 수사기관이 의료인에게 부탁하여 임의제출 받은 경우 수사기관이 의료인으로부터 혈액을 건네 받은 행위의 법적 성격이 어떠한가에 대하여 이를 강제채혈로 이해하는 입장과 혈액압수로 이해하는 입장이 있다.

1. 강제채혈로 이해하는 입장

혈액은 신체와 분리되기 이전은 물론, 분리된 이후라고 하더라도 개인의 프라이버시와 밀접하게 관련되어 있고, 간호사가 경찰관에게 혈액을 준 것이 완전히 '임의로' 제출한 것이 아니라 채혈 당시에 이미 '부탁'받았던 것을 준 것이므로 이는 강제채혈에 해당한다는 견해이다[85]. 특히 수사기관으로부터 부탁을 받고 넘겨주기 위하여 진료의 목적을 초과하는 양의 혈액을 채취하여 넘겨준 경우에는 외형상 강제채혈은 아니지만 실질에 있어서는 강제채혈로 보아야 한다는 것이다[86].

2. 혈액압수로 이해하는 입장

혈액을 체내로부터 분리해내는 과정과 채취한 혈액을 압수하여 검사하는 과정은 다르다는 전제하에서, 경찰관이 간호사에게 음주운전 용의자의 혈액채취를 요구하는 경우는 강제채혈이지만, 경찰

85) 강동범, 동의나 영장없는 혈액압수의 적법성, 고시계(1999.12), 36면.
86) 강동범, 앞의 논문, 32면.

관이 간호사에게 이미 채취된 혈액의 점유이전을 부탁하는 경우는 의료인이 보관하고 있는 혈액의 압수로 보아야 한다는 입장이다[87].

대법원도 대상판결의 사안을 형사소송법 제218조의 임의제출물의 압수로 이해하고 있으므로 이러한 입장이라고 할 수 있다.

3. 결 어

의식불명으로 호흡검사에 의한 음주측정이 불가능한 사람으로부터 혈액을 채취하는 것이든, 채혈을 거부하는 사람으로부터 물리적 강제력을 행사하여 혈액을 채취하는 것이든 이는 신체로부터 혈액을 분리해내는 과정을 중시하여 이에 강제력(소극적 부동의이든 적극적 거부이든 간에)이 개입되었다는 점에서 모두 강제채혈에 해당한다[88].

그런데 대상판결의 경우 수사기관이 간호사에게 오로지 수사 목적으로 혈액을 강제채취하여 줄 것을 의뢰하였다거나, 수사기관이 진료목적으로 환자의 혈액을 채취하려는 간호사에게 수사목적의 혈액도 더불어 채취하여줄 것을 요청한 것으로는 보이지 않는다. 다만 간호사에 의하여 진료목적으로 이미 채취된 혈액에 대하여 경찰관이 사후에 그 혈액의 제출을 부탁하였던 것으로 보인다. 사정이 그렇다면 경찰관의 혈액제출 요청은 이미 채혈단계를 지난 시점에 행하여진 것이고, 채혈은 오로지 진료목적으로 행하여진 것이라면 간호사의 채혈행위 자체는 위법하다고 할 수 없다.

---

87) 한영수, 음주측정을 위한 '동의 없는 채혈'과 '혈액의 압수', 형사판례연구(9), 2001, 364-365면.

88) 전자를 '동의없는 채혈', 후자를 '강제적인 채혈'이라고 구별하기도 한다(한영수, 앞의 논문, 359면).

강제채혈이 채혈단계에서의 법익침해의 위험성에 초점이 맞추어져 있는 것이라고 본다면[89] 대상판결의 경우와 같은 경찰관의 혈액제출 요청에 대하여 강제채혈의 법적 문제는 발생되지 않는다. 따라서 경찰관이 간호사가 이미 채취한 혈액의 제출을 부탁하여 제출받은 경우는 이미 신체로부터 적법하게 분리된 혈액 그 자체에 대한 압수라고 보아야 할 것이다.

Ⅳ. '임의제출물 압수'의 요건

1. 쟁점의 소재

이 사건 혈액제출을 혈액에 대한 압수라고 본다면 원칙적으로 압수·수색영장에 의하여 형사절차가 진행되어야 한다. 그러나 대상판결이 인정하는 바와 같이 간호사의 혈액제출을 형사소송법 제218조가 정하고 있는 임의제출물의 압수로 이해한다면, 수사기관은 영장 없이 그 혈액을 압수할 수 있다. 여기에 대상판결 사안이 형사소송법 제218조의 요건을 갖추고 있는지를 검토해야할 이유가 있다.

이 문제를 검토하기 위해서는 먼저 소지·보관의 적법성 여부와 간호사 등의 혈액제출권 유무, 제출행위의 임의성 여부가 주로 검토되어야 한다. 그런데 제출행위의 임의성 판단과 관련하여는 형사소송법 제112조가 정한 의료인 등의 압수거부권 여부가 밀접한 관련이 있으므로 이 부분도 같이 논의하기로 한다.

---

89) 김형준, 형사절차상 혈액·뇨의 강제채취와 그 한계, 형사법연구 제9호, 1997, 314-315면 참조.

2. 소지·보관의 적법성

(1) 소지자·보관자의 지위

형사소송법 제218조는 "검사, 사법경찰관은 피의자 기타인의 유류한 물건이나 소유자, 소지자 또는 보관자가 임의로 제출한 물건을 영장없이 압수할 수 있다."고 하여 임의제출물에 대하여는 무영장 압수를 허용하고 있다. 따라서 대상판결 사안에 대하여 본조에 의한 무영장 압수가 인정되기 위해서는 간호사에게 그 혈액의 소지자 또는 보관자로서의 지위가 인정되어야 한다.

그런데 의료원에 근무하는 간호사는 원칙적으로 의료원이나 담당의사가 위탁한 업무의 범위내에서 그의 감독을 받아 진료 등을 행할 수 있다고 보아야 한다. 따라서 간호사가 수사기관에 혈액을 제출하기 위해서는 혈액에 대한 소지자 겸 보관자인 의료원 또는 담당의사의 허락을 받아야 한다[90]. 그럼에도 불구하고 대상판결은 이에 관한 구체적인 검토 없이 간호사를 '혈액의 소지자 겸 보관자인 의료원 또는 담당의사의 대리자'로 보아 당연히 혈액에 대한 제출권이 있는 것으로 인정하고 있어 부당하다고 하지 않을 수 없다. 간호사로서의 일상적인 업무라고 하기 어려운 '혈액의 제출'에 관하여 담당의사나 의료원으로부터 대리권이 묵시적으로 부여되어 있다고 볼 수는 없기 때문이다.

(2) 소지·보관의 적법성

소지자나 보관자에게는 그 소지나 보관의 적법성을 불문하고 임

90) 같은 취지: 이상돈, 혈액압수와 정보지배권, 저스티스 제34권 4호, 2001, 217면; 한영수, 앞의 논문, 374면.

의제출권이 있는가에 관하여 반드시 소지나 보관이 적법할 필요는 없다는 견해가 있다[91]. 이는 형사소송법 제218조가 소지 또는 보관의 적법성을 그 요건으로 하고 있지 않다는 것을 이유로 하는 것으로 보인다. 이 입장에 의하면 의료원 또는 담당의사가 혈액을 소지 또는 보관하게 된 과정이 위법하다고 하여도 그 소지자 또는 보관자는 혈액을 임의제출할 권한이 있다는 것으로 이해하게 된다[92].

그러나 소지 또는 보관은 적법한 권한에 근거한 것이어야 한다고 본다. 위법한 소지 또는 보관에 기한 임의제출도 허용하게 되면 형사소송법 제218조의 범주를 지나치게 확대시키게 되고, 결국 극히 예외적이고 제한적으로 인정되어야 할 무영장 압수의 허용을 확장하게 되어 부당하기 때문이다. 대상판결의 경우 간호사는 진료목적으로 혈액을 채취한 것이므로 소지 또는 보관하게 된 과정에서의 위법성이 있다고 할 수 없겠다.

3. 임의제출권의 존재 여부

(1) 제출권한의 존재

임의제출물의 압수가 무영장으로 허용되기 위해서는 소지자나 보관자에게 자신이 소지 또는 보관하고 있는 물건을 제출할 수 있는 권한이 있어야 한다. 이러한 제출권한은 제출되는 물건의 소유자인

91) 배종대 · 이상돈, 형사소송법, 303-304면; 신동운, 형사소송법, 213면; 이재상, 신형사소송법, 302면.

92) 예를 들어, 피의자의 고용주가 피의자가 없는 사이에 그의 방에 들어가 마약을 발견하고 이를 소지 또는 보관한 경우에도 임의제출권이 있다고 본다(日東京高等裁判所 1953. 11. 25. 高等裁判所刑事判決特報 第39号 202頁).

피고인의 동의로부터 나온다고 할 수 있다[93]. 제출된 혈액이 음주운전 피의사실을 입증하는 자료로 사용될 경우 법익이 침해되는 쪽은 의사나 간호사가 아닌 바로 피고인 그 자신이기 때문이다. 이를 구체적으로 살펴보면 다음과 같다.

첫째, 혈액의 소유자인 피고인에게는 자신의 혈액에 대한 '개인정보 자기결정권(information privacy)[94]'이 보장되어 있다고 할 수 있다[95]. 즉, 개인정보가 어떻게 이용되는가는 자신이 결정할 수 권리가 보장되어 있는 것이다. 그러므로 의료인이 그가 채취한 혈액을 진료목적의 검사 등을 위하여 필요한 범위내에서 병리실험실에 제출하는 경우에는 비록 피고인의 명시적 동의가 없다고 하더라도 자신의 개인정보가 진료목적으로 사용되는 것에 대하여 피고인의 묵시적 동의가 인정된다고 할 수 있다. 그러나 그 혈액이 증거수집 목적으로 수사기관에 제출되어 그 정보가 이용되는 것에 대하여도 묵시적 동의가 있다고 할 수는 없다. 그렇다면 간호사는 물론 담당의사에게도 혈액의 제출권한은 없다.

둘째, 진료를 맡은 담당의사는 그가 채취한 혈액을 진료에 필요한 범위내에서만 이용하고 처분할 수 있다는 진료계약상 또는 사무관리상의 의무를 지고 있다. 따라서 진료목적으로 채취한 혈액을 혈액의 소유자인 피고인의 동의 없이 수사목적으로 수사기관에 제출한

93) 담당의사나 의료원은 혈액의 소유자인 피고인의 동의에 의하여 제출권한이 생기지만, 간호사의 경우는 담당의사 등의 허가와 피고인의 동의가 있어야 제출권한이 생긴다고 할 수 있다.

94) 개인정보 자기결정권은 포괄적인 의미의 사생활권의 일종으로 이해되고 있다(이인호, 공공부분 개인정보보호법제에 대한 분석과 비판, 2002년 한국정보법학회 심포지엄 발표논문, 11면).

95) 이상돈, 앞의 논문, 231면 이하.

행위는 피고인의 추정적 의사를 무시한 것으로 위법하다고 보아야 한다[96].

이처럼 보관자의 임의제출권은 제출물 소유자의 법익이 침해되지 않는 범위에서 허용되어야 한다. 따라서 만약 의료인이 본인의 동의 없이 혈액을 수사기관에 제출한 경우 업무상 비밀누설죄가 성립할 수 있다[97].

(2) 제출의 임의성

1) 임의성의 개념

임의제출물의 압수가 무영장으로 허용되기 위해서는 소지자나 보관자가 제출을 '임의로' 하여야 한다. 단지 제출과정에서 물리적 강제가 없었다는 이유만으로 무영장 압수를 허용하는 것은 타당하지 않다.

수사기관의 제출요청에 대한 제출자의 동의는 자발적인 것이어야

96) 日札幌地方裁判所 1992. 9. 10. 判例時報 159頁사건에서 변호인은 의식이 몽롱한 상태에 있는 마약류 피의자로부터 채취한 뇨를 수사기관에 임의제출한 의사의 행위에 대하여 의료인의 계약 또는 사무관리상의 의무를 근거로 위법을 주장하였다. 그러나 일본 札幌地方裁判所는 ① 형사소송법상의 임의제출물의 영치 조항(일본 형사소송법 제221조, 제101조)이 적용대상의 범위를 한정하고 있지 않고, ② 의사에게도 범죄의 고발권(동법 제239조 제1항)이 있으며, ③ 압수거부권도 의사의 권한이지 의무는 아니고, ④ 계약 또는 사무관리라는 사법상의 의무위반이 곧 수사기관에 대한 뇨의 임의제출 절차를 위법하게 한다고 할 수는 없다고 하여 변호인의 주장을 배척하였다. 우리 나라에도 민사법적 위법성이 곧 사법경찰관의 혈액압수를 위법하게 하는 것이 아니라는 견해가 있다(이상돈, 앞의 논문, 217면).

97) 한영수, 앞의 논문, 275면.

임의성이 인정될 수 있다. 자발성 여부는 동의자의 나이, 지능, 교육, 언어능력이나 경찰에 대한 협조정도, 증거물의 발견가능성, 질문의 성질, 경찰행위의 강제성 여부 등을 종합적으로 고려하여 결정되어야 한다[98]. 또한 수사기관이 자신들에게 압수・수색에 관한 정당한 법적 권한이 있다고 주장함에 따라 단지 그 주장에 순응하여 동의하였다면 그 동의는 자발적인 것이 아니다. 그러므로 압수・수색을 행하는 경찰관이 영장을 소지하고 있다거나 필요하다면 영장을 발부받을 수 있다고 주장하므로 이 때문에 동의한 경우에는 그 동의에 근거하여 행한 압수는 정당화될 수 없다[99].

2) 압수거부권과의 관계

형사소송법 제219조에 의하여 준용되는 제112조는 의사나 간호사 등이 "그 업무상 위탁을 받아 소지 또는 보관하는 물건으로 타인의 비밀에 관한 것은 압수를 거부할 수 있다."고 규정하여 환자의 사생활 비밀을 보장하고 있다. 대상판결의 혈액은 업무상 위탁을 받아 소지 또는 보관하는 물건으로 타인의 비밀에 관한 것에 해당한다. 따라서 담당의사나 간호사[100]는 경찰관의 혈액제출 부탁에 대하여 압수를 거부할 수 있다.

그런데 의료인 등이 압수거부권을 실제로 행사할 수 있기 위해서는 압수거부권이 본인에게 부여되어 있다는 사실을 인지하고 있어

98) Schneckloth v. Bustamonte, 412 U.S. 226-227 (1973).

99) Bumper v. North Carolina, 391 U.S. 548 (1968); U.S. v. Lattimore, 87 F.3d 652 (4th Cir. 1996).

100) 병원에 근무하는 간호사의 압수거부권은 담당의사의 압수거부권에 종속된 권리로 이해하여야 한다(한영수, 앞의 논문, 374면).

야 한다. 그렇지 않다면 특히 일반인이 경찰관에게 가지는 막연한 두려움을 고려할 때, 상황 - 경찰관의 말투, 태도 등 - 에 따라서 간호사는 경찰관의 '부탁'을 '법적 명령'으로 이해하여 의무이행의 차원에서 혈액을 제출하게 될 수도 있기 때문이다.

따라서 비록 현행법상 명문의 규정이 없다고 하더라도 진술거부권의 고지의무 정신에 비추어[101] 수사기관은 임의제출물을 압수할 경우 그 소지자 또는 보관자에게 압수거부권이 있음을 고지하여야 할 의무를 진다고 하는 것이 타당할 것이다.

4. 대상판결의 검토

대상판결의 경우 혈액에 대한 소지·보관은 적법하나 제출권한, 제출의 임의성이 결여되었다. 특히 대상판결은 "의료인이 진료 목적으로 채혈한 환자의 혈액을 수사기관에 임의로 제출하였다면 그 혈액의 증거사용에 대하여도 환자의 '사생활 비밀 기타 인격적 법익이 침해되는 등의 특별한 사정이 없는 한' 반드시 그 환자의 동의를 받아야 하는 것이 아니다."고 하여 이 사안의 경우 환자의 사생활 비밀이 침해되지 않았다는 전제에서 환자의 동의를 필요로 하지 않는다고 보고 있다. 그러나 위에서 살펴본 바와 같이 이 사안의 경우 환자의 개인정보 자기결정권을 침해하였으므로, 대상판결의 입장에 의하더라도 환자의 동의는 필요하다고 해야 한다.

그럼에도 불구하고 간호사 - 담당의사가 행하였다고 하더라도 - 는 환자의 동의 없이, 그리고 그의 묵시적 의사에도 반하여 혈액을

101) 진술거부권과 관련하여 법원이나 수사기관에 진술거부권의 고지의무(형사소송법 제200조 제2항, 형사소송규칙 제127조)가 부과되어 있는 것과 비교해 볼 수 있다.

수사기관에 제출하였으므로 위법하다고 하지 않을 수 없다[102].

V. 혈액압수의 절차

1. 개 설

이상에서 살펴본 바와 같이 대상판결의 혈액압수는 피고인의 개인정보 자기결정권을 침해한 강제수사임이 분명하고, 형사소송법 제218조가 정한 임의제출물의 무영장 압수에 관한 요건도 충족시키지 못하고 있다.

또한 사안의 경우 경찰관이 혈액을 제출받을 당시 피의자가 현행범체포나 긴급체포된 상태라고도 보기 어려우므로 '체포에 수반된 압수(형사소송법 제216조 제1항, 제217조 제1항)'로 보아 무영장 압수를 인정할 수도 없다[103]. 그렇다면 대상판결의 경우와 같은 때에는 영장주의에 입각한 적법절차에 따라 혈액의 압수가 이루어져야 한다.

그런데 미국에서는 Schmerber 판결[104]을 기점으로 판례에 의하

---

102) 같은 취지: 한영수, 앞의 논문, 376면. 이에 대하여 간호사가 입원환자인 피고인에 대해 치료의 목적으로 그의 혈액을 채취하였으므로 정당한 의료행위에 해당하여 그 혈액채취는 강제수사에 해당하지 않고, 간호사가 경찰관에 혈액을 제출한 것은 임의성이 있다고 보아 대상판결의 타당성을 인정한 견해도 있다(백형구, 1999년 형사소송법학계의 동향, 고시계(2000.2), 80면).

103) 피의자가 체포된 상태라고 하더라도 이 경우 시간적·장소적 적합성도 결여하고 있다(체포에 수반된 압수의 시간적·장소적 범위에 관하여는 김형준, "무영장 압수·수색의 한계", 건국대 사회과학연구 제8집, 1998. 31-32면 참조).

104) 이 사건은 피의자 Schmerber가 자신의 음주운전사고로 상처를 입어

여, 독일에서는 형사소송법의 명문의 규정[105]으로 일정한 요건하에서 무영장 혈액의 채취나 압수를 정하고 있으나, 우리 나라의 경우에는 이에 관한 명문의 규정을 두고 있지 않다. 대상판결에서와 같은 혈액제출은 강제채혈로 이해하는 경우와 혈액압수로 이해하는 경우로 나누어져 있으므로 이하에서도 양자를 나누어 그 적법절차를 검토해보기로 한다.

2. 강제채혈의 절차

혈액의 제출을 강제채혈로 이해하는 경우에는 어떤 영장에 의하여야 할 것인가에 대하여는 앞에서 살펴본 바와 같이 감정처분영장설, 신체검증·감정처분영장설, 압수·수색영장설, 압수수색·감정처분

치료받고 있던 중 병원에서 음주운전 혐의로 체포되었는데, 이 때 경찰관의 지시에 따라 피의자의 반대에도 불구하고 혈액채취에 관한 영장없이 동 병원의 의사가 혈액을 강제추출한 사안이다(Schmerber v. California, 384 U.S. 757(1966)).

105) 독일 형사소송법 제81a조는 “① 피의자에 대한 신체검사(körperliche Untersuchung)는 소송상 중요한 사실관계의 확인을 목적으로 한 때에 실시할 수 있다. 이와 같은 목적을 수행하기 위한 혈액채취 및 기타 체내검사(körperliche Eingriffe)는 의사에 의해서 의학적 검사방법에 따라 피의자의 건강을 해치지 않는 범위내에서 피의자의 동의없이 할 수 있다. ② 제1항의 조치를 취할 권한은 법관에게 있다. 단, 지체로 인하여 검사의 의미가 상실될 위험이 있을 경우에는 검사 및 그 보조원에 의해서도 조치가 취해질 수 있다. ③ 피의자에게서 채취된 혈액시료 기타 체세포는 본래 채취를 필요로 한 소송절차 또는 그와 연관된 소송절차를 위해서 본래의 목적 한도 내에서만 이용될 수 있다. 채취물은 본래 목적을 위해 더 이상 필요하지 않게 되는 순간 즉시 폐기되어야 한다.”고 규정하여 체액의 강제채취를 명문으로 허용하고 있다.

영장설 등이 있다.

혈액의 강제채취가 법적으로 문제가 되는 것은 채혈단계에서의 강제성이 가지는 기본권 침해적 요소 때문이다. 이 문제에 관한 실질적 관점은 혈액채취수단의 적정성에 있다. 이 점을 주시한다면 적어도 현행법상으로 혈액의 강제채취는 압수·수색영장만으로 가능하다고 이해하는 것이 형사절차의 효율성이나 그 적정성을 고려할 때 타당하다고 생각한다.

압수·수색영장설에 의하면 이미 신체로부터 분리된 혈액은 압수의 대상이 되고, 혈액을 신체로부터 분리하여 채취하는 것을 압수를 위하여 '필요한 처분'으로, 채취된 혈액에 대한 분석은 압수물에 대한 '필요한 처분'(형사소송법 제219조, 제120조)으로 이해할 수 있다. 따라서 혈액의 채취를 위하여 독립된 검증영장을 받거나, 혈액의 분석을 위하여 다시 감정처분허가장을 받을 필요도 없게 된다. 왜냐하면 혈액의 채취를 내용으로 하는 압수·수색영장을 발부하는 경우에 그 법관은 압수의 필요성을 판단함에 있어서 감정의 관련성을 당연히 인정하고 있을 것으로 이해할 수 있기 때문이다.

3. 혈액압수의 절차

혈액압수를 강제채혈과는 구별되는 압수로 이해하면서도 이 경우 압수영장과 더불어 감정처분허가장도 있어야 한다는 견해[106]가 있다. 그러나 채취된 혈액의 압수는 강제채혈과는 달리 채취단계에서의 법익침해 위험성이 없으므로 압수영장만으로 허용된다고 본다.

106) 한영수, 앞의 논문, 364면.

4. 대상판결의 검토

대상판결의 경우는 강제채혈이 아니라 혈액 그 자체에 대한 압수로 이해하여야 한다는 점은 위에서 살펴본 바와 같다. 그렇다면 경찰관은 압수·수색 영장을 발부받은 다음 간호사로부터 혈액을 압수하여야 한다.

이 경우 시간의 경과에 따른 알콜의 소거성에 착안하여, 혈중알콜농도의 확인을 위한 증거로서의 혈액은 긴급압수할 수 있지 않는가 하는 주장이 있을 수 있을 것이다. 알콜은 시간의 경과에 따라 신체내에서 분해되므로 시간이 경과하면 증거로서의 기능을 할 수 없게 되지만, 사안의 경우는 이미 혈액을 채취하여 신체로부터 분리되어 있는 상태이다. 따라서 신체내의 혈액과는 달리 밀봉하여 보관하면 혈액중 알콜이 소거될 가능성은 없으므로 영장을 발부받을 수 없을 정도의 긴급성이 있다고도 할 수 없다. 따라서 범행장소에서의 긴급압수·수색(형사소송법 제216조 제3항)으로 이해하여 압수후 사후영장을 받는 것도 허용될 수 없다[107].

또한 사안의 경우 설혹 이 사건 피의자를 긴급체포할 수 있는 자라고 하더라도[108] 피의자가 그 혈액을 소유, 소지 또는 보관하고 있

107) 물론 사안의 경우는 동조항의 '범죄장소' 요건도 충족시키지 못한다.

108) 음주운전죄(2년 이하의 징역 또는 500만원 이하의 벌금)에 대하여는 긴급체포할 수 없으나, 업무상 과실 치사죄(5년 이하의 금고 또는 2000만원 이하의 벌금)에 대하여는 긴급체포할 수 있다. 이 사건 피의자로부터 혈액을 압수한 것이 음주로 인한 '과실'을 증명할 증거일 경우에는 긴급체포 여부에 관한 한 적절한 것이나, 음주운전의 증거확보를 위한 것이라면 음주운전죄로는 긴급체포할 수 없으므로 이 조항으로도 영장주의 예외를 인정할 수 없게 된다.

는 것이 아니므로 긴급체포할 수 있는 자에 대한 무영장 압수 · 수색(형사소송법 제217조)으로 이해할 수 없다.

Ⅵ. 결 어

이상에서 살펴본 바와 같이 대상판결의 사안은 간호사의 소지자 · 보관자로서의 지위 여부, 혈액 소유자인 피고인의 동의와 연관된 제출권한 유무, 제출시의 임의성 등에서 볼 때 '임의제출물의 압수'에 해당하지 않을 뿐 아니라, '체포에 수반된 압수'나 '체포할 수 있는 자에 대한 압수'에도 해당하지 않으므로 무영장 압수는 허용되지 않고, 또한 '범행장소에서의 긴급압수'에 의한 사후영장에도 해당되지 않는다.

그렇다면 압수 · 수색영장에 의하여 그 혈액을 압수하여야 함에도 수사기관은 무영장으로 이를 압수하였으므로 위법한 절차에 의한 것임에 분명하다. 따라서 이러한 혈액을 자료로 분석된 감정결과는 증거로 사용할 수 없다고 보아야 한다[109]. 그럼에도 불구하고 대법원이 혈액 소유자의 법익에 대한 침해를 간과하고 형사소송법 제218조를 형식적으로 이해하여 무영장 압수의 허용범위를 확대하고, 만연히 그 감정결과를 증거로 인정한 것은 타당하다고 할 수 없다.

---

109) 같은 취지: 강동범, 앞의 논문, 38면; 이상돈, 앞의 논문, 235면; 한영수, 앞의 논문, 376면.

색 인

(ㅈ)

(ㅊ)

(ㅋ)

(ㅌ)

(ㅍ)

(ㅎ)

(기타)

著 者 略 歷

▸ **김 형 준(金 亨 埈)**

- 중앙대학교 법과대학 법학과 졸업
- 중앙대학교 대학원 법학과 졸업 (법학박사)
- 건국대학교 법학과 부교수
- 일본 교토(京都)대학 초빙학자
- 서울고등검찰청 항고심사위원
- 사법시험 · 행정고시 · 입법고시 위원
- **현재** 중앙대학교 법과대학 교수

http://www.humanlaw.info

E-mail : joon@cau.ac.kr

음주운전과 형사책임

저 자　김 형 준　　2007년 10월 15일 인쇄
발행인　양 진 수　　2007년 10월 20일 발행
발행처　진 원 사

서울시 노원구 공릉동 493-33
전화 : 02)916-1850 팩스 : 02)916-3442
등록번호 제2005-6호
http://www.jinwonsa.co.kr

저자와의 협의하에 인지생략

ISBN: 978-89-90904-55-3　93360　　정가 25,000원